Claus Penquitt

Mein Übungsbuch

Lektionen zum gymnastizierenden Reiten

KOSMOS

„Reiten
soll bei aller Präzision
Leichtigkeit, Lockerheit
und Fröhlichkeit ausstrahlen."

Claus Penquitt

Ein paar Worte vorab

Zunächst sollte die vielleicht berechtigte Frage geklärt werden, für wen dieses Buch eigentlich gedacht ist, hat doch das Reiten heutzutage ständig mehr Ausdrucksformen gefunden und das Interesse vieler an anderen Reitweisen geweckt. Dies wird nicht zuletzt auf das vielfältige Angebot verschiedenster Pferderassen aus aller Welt zurückzuführen sein.

Dennoch können auf die Frage, für wen der Inhalt der nachfolgenden Seiten äußerst nützlich sein dürfte, klare und eindeutige Antworten gegeben werden. So soll dieses Buch unterstützende Anregungen bei der Aus- und Fortbildung von Pferden, aber auch für jeden „Spazierreiter" geben, der sein Pferd gesund und für seine eigene Sicherheit zuverlässig erhalten möchte. Somit ist es für jeden, der reitet, gedacht.

Immer mehr Reitenden ist mittlerweile auch klar geworden, dass jedes Pferd, das geritten wird, selbstverständlich auch gymnastiziert werden muss. So wurden Übungen zusammengestellt, die dieser Erkenntnis Rechnung tragen. Es hat sich herausgestellt, dass viele Elemente der altklassischen Reitkunst sich hierzu hervorragend eignen, wobei weder die Rasse des Pferdes noch die Art des Reitens eine Rolle spielen.

So eignen sich die im Buch enthaltenen Übungen zum Beispiel sowohl für Foxtrotter und Tölter, für Quarter Horses und Dressurpferde aller Klassen wie auch für Military- oder Distanzpferde und schließlich für das so genannte Freizeit-Allroundpferd. Diese Aufzählung ist bei weitem nicht vollständig. Sie soll lediglich die Vielzahl der in den Kursen der Freizeitreit-Akademie vertretenen Pferderassen und eigentlich betriebenen Reitweisen andeuten.

Dass sich die hier empfohlenen Übungen tatsächlich für die vorgenannte bunte Palette von Rassen und Reitweisen in wunderbarer Weise auf deren typische Merkmale verbessernd auswirken, kann anhand von Beispielen bewiesen werden. So wurde mir ein Isländer zur Korrektur gebracht. Bei der Besitzerin des Pferdes handelte es sich um eine der großen, in einschlägigen Kreisen wohlbekannten Pferdefrauen, die unter anderem als glühende Verfechterin des Tölts bekannt war. Ich sollte versuchen, mit meiner eigenen Aus- und Fortbildungsmethode den unbefriedigenden Tölt ihres Pferdes zu verbessern.

In Zusammenarbeit mit meiner Tochter Nathalie wurde das Pferd nach meinen Methoden gymnastiziert. Trotz der relativ kurzen Zeit, die uns nur zur Verfügung stand, gelang es uns, einen äußerst zufrieden stellenden Tölt bei dem Pferd zu erreichen. So wurde es mir jedenfalls von der Bereiterin und Haustochter der Pferdebesitzerin versichert. Zu bemerken ist hier noch, dass wir erst am vorletzten Tag vor der Übergabe das Pferd im Tölt wieder testeten.

Als weiteres Beispiel lässt sich die Aus- und Fortbildung sowie das seinerzeit für den Western-Turniersport erforderliche Training meines Shagya-Arabers Watani 12 anführen. Er wurde ständig mittels der in diesem Buch enthaltenen Übungen trainiert. Obgleich viele darüber den Kopf schüttelten, wenn Watani auf dem Abreiteplatz eines Westernturniers im Schulterherein oder Travers bewegt wurde, holte er sich anschließend viele Schleifen, Pokale und Titel. So wurde er nicht nur vielfacher Allround-Champion, Landesmeister, Deutscher Meister, sondern schließlich auch Europameister und vieles mehr.

Und mehr braucht zu diesem Thema als Bestätigung wohl nicht gesagt zu werden.

Übung macht den Meister

Um es gleich zu sagen: Die Idee zu diesem Buch gaben mir auch dieses Mal die unzähligen lernhungrigen Reiterinnen und Reiter, die sich seit vielen Jahren meiner Lehrtätigkeit anvertrauen. So wollen sie unbedingt die vielen erlernten Übungen auch in Wort und Bild gebündelt festgehalten haben, damit sie ihnen als Anregungen ständig zum Nachvollziehen zur Verfügung stehen. Warum sie dies als so wichtig empfinden, erklärt sich aus den immer wieder im Tenor gleich bleibenden Schilderungen der Teilnehmer an meinen im In- und Ausland und schließlich auch nunmehr im zweiten Jahrzehnt in der Freizeitreit-Akademie® abgehaltenen Kursen. Aber auch viele Reiterinnen und Reiter sowie Ausbilder aus verschiedensten anderen Lagern und Reitarten, so wird mir immer häufiger versichert, interessieren sich für die in diesem Buch nunmehr in Wort und Bild zusammengefassten Anregungen.
Was da so in meinen Kursen von den Teilnehmern geäußert wird – hier nur einige Meinungsausschnitte für Sie:
„Dass ein Unterrichtstag auch so verlaufen könnte, hätte ich früher nie gedacht. Diese fünf Tage waren ein Feuerwerk an Lehrinhalten, die ich mir vorher wohl kaum hätte vorstellen können." Die anderen Lehrgangsteilnehmer nickten zustimmend. Auch sie fanden den Kurs außergewöhnlich lehrreich. Der einzige männliche und eigentlich recht stille und zurückhaltende Teilnehmer meinte weiter: „Es ist das besondere System, das durch den ständigen Wechsel der vielen Übungen den Unterricht so interessant macht. Die häufig recht ungewöhnlichen, aber doch gut durchdachten Übungen bringen bei mir und meinem Pferd Gehirn und Kreislauf

Reithalle, Reitplatz, Trailplatz, alles liegt nur wenige Schritte auseinander. Hier lässt sich ein abwechslungsreicher und nahtloser Unterricht gestalten.

auf Touren. Hier gerät jede Muskelfaser in Bewegung. Die Zeit vergeht dabei wie im Fluge."
„Nicht nur dir geht's so", meinten die anderen, und ich ergänzte: „Den vielen anderen vor euch ging es genauso."
Unser Kursteilnehmer fuhr fort: „Auch finde ich gut, dass die verschiedensten gymnastizierenden Lektionen nach Vorbildern der altklassischen Dressur je nach Schwierigkeitsgrad zusammengestellt und dem Ausbildungsstand von Pferd und Reiter entsprechend überlegt abverlangt werden. So auch, dass alle Seitengänge zunächst ausschließlich im Schritt und erst viel später im Trab bzw. Jog erlernt und korrekt beherrscht werden müssen, bevor galoppiert werden darf."
Eine Teilnehmerin bemerkte, dass sie das mit dem Zuwarten in Bezug auf den Galopp nicht so recht habe glauben wollen. Dies habe sie allerdings in erhebliche Schwierigkeiten gebracht. Nur mit einer langwierigen Korrekturphase habe sie den Fehler wieder ausbügeln können. Mit anderen Pferden, bei denen sie sich mehr Zeit gelassen habe, seien dagegen keine Probleme aufgetreten. Sie lernten bald ruhige und schöne Galoppvolten sowie korrekte fliegende Wechsel. Die Zeit, die sie mit dem Anfangen von Galopp-Lektionen zugewartet habe, sei dann spielend wieder eingeholt worden.
Schließlich sollten auch die Cavalettiarbeit sowie die Einzelaufgaben aus dem so genannten Trail und die hieraus entwickelten unterschiedlichen Geschicklichkeitsaufgaben erwähnt werden. Die sinnvoll überlegten Übergänge von einer Lektion in eine bestimmte andere sind wegen ihrer fließenden und damit harmonischen Auswirkungen gleichfalls unverzichtbar.
Alle Beteiligten betonen übereinstimmend, dass sie bei allem ernsten und gewichtigen Hintergrund ihres Reitens gelernt hätten, diese Art zu reiten dennoch zu einem lockeren, fröhlichen und harmonischen Spiel werden zu lassen.
Das ist es, was man so oder ähnlich in den Abschlussbesprechungen immer wieder zu hören bekommt. Besser könnte ich es wohl kaum sagen und darf es ohnehin nicht, denn Eigenlob ... na ja, Sie wissen schon. Das denke ich so für mich und bin zufrieden. Natürlich trägt der unmittelbar neben Reitplatz und Halle liegende Trailpark zum nahtlosen Ablauf einer besonders vielseitigen Unterrichtsform bei. Es muss aber nicht gleich wie in meiner Freizeitreit-Akademie® ein Trailpark sein. Auch auf kleinstem Raum lässt sich einiges für Geschicklichkeitsaufgaben einrichten. Es lohnt sich auf jeden Fall!

Die Erfahrungen haben gezeigt, dass sich durch ein gut durchdachtes, abwechslungsreich gestaltetes Reiten die Pflichtaufgaben, die zur unabdingbaren Gymnastizierung des Pferdes erforderlich sind, nahezu spielerisch leicht erlernen lassen.

Eine allumfassende Gymnastizierung des Pferdes stärkt auch seine Psyche. Wer sorgfältig Schritt für Schritt bei seiner Ausbildung vorgeht, also auch mit dem Galopp erst später als üblich beginnt, der kann, wenn es dann soweit ist, mit seinem Pferd beruhigt in einem wunderschönen Galopp auch im Gelände mit sicherem Vertrauen reiten.

Erinnerungen

Im Verlauf der Gesprächsrunden zum Abschluss der Kurse werden auch Erinnerungen an frühere Erfahrungen, die sich häufig ähneln, ausgetauscht – etwa so: „... Nach zehn Runden linksherum kam dann das Kommando „Handwechsel". Das heißt, nun geht's etwa zehn Runden rechtsherum. Als Abwechslung gedacht, musste jeweils der letzte der im Trab reitenden Gruppe zur Spitze vorreiten, um sich nach einer Solo-Galopprunde hinten

Sinnvolle Gymnastizierung und abwechslungsreiche Übungen machen träge Pferde munter und zappelige ruhiger und ausgeglichener.

wieder anzuschließen. Viel mehr Abwechslung war kaum drin, es sei denn, ein Pferd fühlte sich durch zu dichtes Aufreiten des hinter ihm Gehenden bedroht. Dann kam für einen Augenblick Stimmung auf und es hieß, möglichst im Sattel zu bleiben. Ansonsten, ob Schul- oder eigene Pferde, sie kannten das Ritual, und man brauchte selbst kaum etwas zu tun. Zwischendurch wurde die Haltung der Teilnehmer mehr unverständlich kritisiert als leicht begreifbar korrigiert."
So oder ähnlich hatte ich es vor langer Zeit als Zuschauer auch erlebt, und so wurde es mir von eigentlich zu vielen Kursteilnehmern aus deren nicht allzu lang zurück liegenden Erinnerungen immer wieder berichtet.

Es ist gut so, dass diese Art von „Reitunterricht" überwiegend der Vergangenheit angehört. Dies allerdings auch zwangsläufig, denn eine Pleite ist heutzutage recht schnell möglich. Aber nicht nur die Reitenden empfinden auf Dauer Langeweile und Frust. Den Pferden gefällt es noch viel weniger, so benutzt zu werden. Sie werden auf der Reitbahn immer träger und abgestumpfter. Missmutig befolgen sie die meistens wenig verständlichen „Hilfen" und schlurfen, kaum auf die immer stärker werdenden treibenden Einwirkungen achtend, dahin.
Beim Ausreiten ins Gelände geht's zwar nicht besser, dafür aber etwas anders zu. Aber auch hier kommt bei ständiger Fantasielosigkeit der Reitenden bei den Pferden Langeweile, sprich Frust, auf. Dies wird irgendwann zu eigentlich unbegründeten Überreaktionen des Pferdes führen und den, der draufsitzt, in erhebliche Schwierigkeiten bringen. Schon

mancher, dessen Pferd vor lächerlichen Kleinigkeiten scheute, musste getrennt von ihm nach Hause marschieren und noch zufrieden sein, wenn er das überhaupt noch konnte.
Die Fantasie der Pferde hingegen ist unerschöpflich. So konnte das gelangweilte Pferd die im Gebüsch raschelnde Maus als Säbelzahntiger sehen. Die dunkle Pfütze – der reine Höllenschlund! Oder ein auf dem Weg in der Sonne leuchtender Plastikbecher – toll! Das war doch noch nie da.

Auf welche Weise auch immer ein Pferd geritten wird, dürfte eines klar sein: dass einfaches Geradeausreiten nicht genügt, um auf Dauer Beine, Rücken und Psyche des Pferdes gesund zu erhalten. Es ist daher selbstverständlicher geworden, mittels gymnastizierender Lektionen und anderer Maßnahmen diesem Rechnung zu tragen.

Ein willkommener Anlass, dieses Teil zum Gespenst zu erklären. Endlich ist mal was los! Die Langeweile ist wie weggeblasen. Der eben noch auf dem Pferd Gesessene allerdings auch!
Nach solchen oder ähnlichen Unfällen erklären die meisten Reiterinnen und Reiter das Verhalten ihres Pferdes für völlig unverständlich. Sie hätten doch nie etwas anderes mit dem Pferd getan als geradeaus auf bekannten Wegen oder auf dem Hufschlag in der Halle bzw. auf dem Reitplatz geritten. – Eben!
Das hört sich, ist es glimpflich verlaufen, alles recht lustig an, aber meistens doch wohl nur für die anderen. Denn das Pferd wird sich immer mehr Unarten einfallen lassen, um seinem nicht erkannten Frust, seiner unausgelasteten Psyche, sprich Langeweile, Ausdruck zu geben. Die Be-

troffenen erkannten meistens diese Ursachen für das Verhalten ihres Pferdes nicht. Woher sollten sie auch!
Welchen Rat daraufhin manch einer aus seinem Umfeld bekam? Er solle es doch mal mit Hilfszügeln versuchen oder mit einem schärferen Gebiss. Auch könnte in Erwägung gezogen werden, dem Pferd in seiner Box mal eine „Abreibung" zu verpassen, damit es in Zukunft derartige Mätzchen sein lässt. Diese und andere „Ratschläge" wurden mehr als einmal und nicht nur als Ausnahme berichtet. Das führt dann so weit, dass Pferde unreitbar werden, obgleich sie eigentlich die besten Anlagen haben und prima Partner sein könnten. So aber wandern diese armen Geschöpfe von Hand zu Hand. Die Endstation kann sich jeder vorstellen.
Das Fazit aus all dem vorher Gesagten dürfte nochmals bestätigen: Pferde brauchen ständig sinnvolle Abwechslung. Diese kann in die ohnehin unerlässliche Gymnastizierung des Pferdes mit eingebracht werden. Zwar gibt es immer noch Menschen, die da glauben, dass lange Bügel und lange Zügel genügen, um sorgenfrei, sicher und pferdeschonend auf Dauer durch die Landschaft spazieren zu können. Sie sollten wissen, dass Körperbau und Psyche unserer Pferde bei weitem nicht so robust sind, dass sie auf Dauer ohne Schaden die Reiterlast in beliebiger Art tragen sowie die Vernachlässigung der Psyche ertragen könnten. Dies gilt ebenso für das turniersportlich ambitionierte Reiten, wenn ständig anstelle der geschilderten Aus- und Fortbildung verstärkter Druck auf das nur noch unwillig reagierende Pferd ausgeübt wird.
Bekanntlich ist die Anatomie des Pferdes so beschaffen, dass es mit dieser hervorragend leben und uralt werden könnte. Die Konzeption stimmt – eigentlich. Nur der Mensch war nicht einkalkuliert. Dieser schwankende, ständiges Ungleichgewicht verursachende Fremdkörper bringt die recht sinnvolle Statik des Pferdes katastrophal durcheinander Es treten Belastungen an Gelenken, Kapseln, Sehnen und Bändern auf, die bei der „Konstruktion" des Pferdes nicht bekannt waren und daher auch nicht berücksichtigt werden konnten. Die Tierärzte können hiervon ein Lied singen.
Wer hierüber nachdenkt, kommt schnell dahinter, dass dieser Umstand entsprechende Maßnahmen des Menschen erfordert. Gesicherte Erkenntnis ist jedenfalls, dass der Mensch durch sinnvoll überlegtes Reiten sein Gewicht mit allen hieraus resultierenden Begleiterscheinungen dem Pferd wesentlich erträglicher machen kann.

Unumstößliches Gesetz für jegliches Reiten ist eine intelligente intensive Gymnastizierung des Pferdes und die Schulung seiner Psyche.

Vor allem unter den Freizeitreitern gibt es viele mit einer kritischen Einstellung gegenüber der allgemein üblichen Art des Dressurreitens. Wer mein Buch „Die neue Freizeitreiter-Akademie" gelesen und sich vielleicht mit meiner dreiteiligen Video-Serie beschäftigt hat, wird aber bald viel Spaß an dem Erlernen altklassischer Dressur- und anderer Lektionen finden. Schließlich dienen sie doch einer sinnvollen Gymnastizierung des Pferdes sowie der Stärkung seiner Psyche, und manch einer wird mit Erstaunen zur Kenntnis nehmen, was alles an verborgenen Fähigkeiten in seinem Pferd steckt.

Die Tipps zu den Hilfengebungen

Es wird Ihnen bald auffallen, dass viele der erforderlichen Hilfen zu den einzelnen Übungen häufig wiederholt erklärt werden. Dies ist nicht etwa geschehen, um Sie zu langweilen, sondern vielmehr sachlich begründet. Die vielen in den

Hier bewegt sich einiges, nur nicht der Reiter. Dennoch geht's rund auf dem Zirkel im flotten Galopp.

Übungen zu reitenden Elemente werden zwar in allen möglichen Variationen gemischt und mit verschiedensten Vorzeichen eingesetzt, nur bleiben die hierzu erforderlichen Hilfengebungen sowie die jeweils einzunehmende Körperhaltung des Reitenden gleich.
So ergeben sich zwei Möglichkeiten. Nach einer jeweils einmaligen Erklärung der erforderlichen Körperhaltung und der Hilfengebungen zu den zu reitenden Elementen wird in weiterer Folge auf nochmalige Erklärungen verzichtet und lediglich angegeben, wo diese nachgelesen werden können. Eine sicherlich nicht voll befriedigende Lösung, denn solange dem Leser die Hilfen, Hinweise, Erläuterungen etc. zum Reiten der Übungen noch nicht genügend geläufig sind, wäre ihm ein ständiges Blättern in diesem Buch nicht erspart geblieben.
Um dieses lästige Blättern zu vermeiden, habe ich Wiederholungen in Kauf genommen. So haben Sie alle Informationen zu den Übungen jeweils auf einen Blick.
Im Übrigen dürfte, wie auch die Erfahrungen im Unterricht immer wieder gezeigt haben, ständiges Korrigieren Ihres Verhaltens auf dem Pferd mittels Wiederholun-

gen, um sich leicht einschleichende Fehler zu vermeiden, äußerst nützlich sein.
Die kurzen Hinweise zu besonders zu beachtenden Hilfengebungen können und wollen auf keinen Fall einen Anspruch auf Vollständigkeit erheben. Auch zu ihrer Intensität ließe sich vieles sagen. Es würde aber den gesteckten Rahmen sprengen. Wer also mehr hierzu wissen möchte, den muss ich nochmals auf das Buch „Die neue Freizeitreiter–Akademie" hinweisen. Dort finden Sie in aller Ausführlichkeit alles, was grundsätzlich sowie speziell zu den jeweiligen Lektionen, aufgeteilt in Körperhaltung und Bewegungshilfen, zu sagen ist.
Auch werden Sie in diesem Buch Vorschläge zur Hilfengebung und zur Körperhaltung feststellen, die womöglich nicht den von Ihnen praktizierten entsprechen. Die Erklärung hierfür ist in meiner Ausbildungszeit zu finden. Was mir seinerzeit zur Hilfengebung sowie zur Körperhaltung befohlen wurde, war mir häufig unverständlich. Plausible Erklärungen für den Lernenden, warum so verfahren werden sollte, waren damals nicht unbedingt üblich.
Aber auch die Pferde hatten in ihrer Ausbildungszeit allzu oft Schwierigkeiten zu begreifen, was man von ihnen wollte. Mir wurde dann befohlen, härter durchzugreifen. So kam bei den vielen auszubildenden Pferden und bei denen, die „durchgreifen" mussten, recht wenig Freude auf. Die Lust am Reiten schwand auch bei mir dahin, jedoch die Liebe zum Pferd blieb. Und so begann ich später, mir ein Pferd nach meinen eigenen Überlegungen auszubilden. Die nach jahrelangen Überlegungen modifizierten fairen Hilfen verstanden meine Pferde erstaunlich schnell, so auch durch die entsprechend andere Körperhaltung. Diese Erkenntnisse, seit zwei Jahrzehnten im Unterricht umgesetzt, brachten den gewünschten Erfolg. Sollten Sie allerdings Ihr Pferd mit den von Ihnen gewohnten Hilfen ausgebildet haben und auch so weiter reiten bzw. lehren wollen, so können Sie selbstverständlich auch bei den hier vorgeschlagenen Übungen wie gewohnt verfahren.
Falls Sie aber einmal etwas anderes probieren wollen – tun Sie es doch! Geschadet hat es nach meinen Erfahrungen bislang niemandem, weder Pferd noch Reiter. Vielleicht werden auch Sie überrascht sein. Nicht unbedingt sofort, aber sicherlich ein klein wenig später.

Wer Hilfen gibt, die auch sein Pferd versteht, der wird bald nur noch wenige brauchen, um sich mit seinem Pferd zu verständigen. Und ein wohl überlegter Sitz vervollständigt die Harmonie zwischen Mensch und Pferd.

Zusammenfassung

Es kann nicht oft genug betont werden, dass die intensive Gymnastizierung und Schulung des Pferdes mittels einer geschickt überlegten Zusammenstellung von Lektionen der altklassischen Dressur und Elementen aus anderen Reitweisen zu erstaunlichen Erfolgen führt. Aber auch die einfallsreiche Abwechslung, in Form von sowohl einfachen wie auch kniffligen Geschicklichkeitsaufgaben, trägt zu einer positiven psychischen Veränderung in einem oftmals kaum glaubhaften Umfang bei. Ein erheblicher Vertrauenszuwachs und Lerneifer bei ausgeprägtem bereitwilligem Gehorsam sind die Belohnung.
Das Reiten und der allgemeine Umgang mit dem Pferd verändern sich in erstaunlich positivem Sinn. Das intelligente Pferd wird sich in seinen Fähigkeiten entsprechend mehr angesprochen und ausgelastet fühlen. Es wird gelassener und zufriedener sein. Es braucht nicht mehr mit eigenen Mätzchen für fragwürdige Unterhaltung und Abwechslung zu sorgen.

Hingegen bewirkt bei einem zur Trägheit neigenden Pferd die intensive abwechslungsreiche Gymnastizierung und Schulung ein Wecken brachliegender Gehirnzellen. Es gewinnt Lust an den Übungen und arbeitet verstärkt mit. Nach einiger Zeit ist solch ein Pferd nicht wieder zu erkennen: Man kann es etwa wie folgt beschreiben:

Es ist eifrig, aber nicht eilend. Es schwingt, statt zu schlurfen. Es federt, statt zu rütteln, es ist hellwach, aber ohne zu „spinnen".

Leider sind diese Zusammenhänge vielen noch nicht genügend bewusst. Alle negativen Aktionen und Reaktionen des Pferdes werden in Unkenntnis der Dinge als neurotische Ausbrüche dem Pferd angelastet. In Wahrheit kann aber nur von einem in seiner Psyche gesund gehaltenen Pferd das erwartet werden, was man sich erhofft. – Es gibt also viel zu tun!
Nach dem Ihnen hier nun reichlich, man kann schon sagen, penetrant eingehämmert wurde, warum in vielen Fällen etliches dringend anders gemacht werden sollte, dürfte wohl deutlich geworden sein,

Stolz und erhaben, ruhig und ausgewogen, dabei federnd und schwingend ist dieser Galopp. In solchen Momenten überwältigt den Reiter das Gefühl, von allem losgelöst nur mit seinem Pferd zu existieren.

dass das Reiten pferdegerecht überlegt und abwechslungsreich gestaltet sein sollte. Welche Vorzüge dies für das Pferd und schließlich auch für Sie mit sich bringt, wurde eingehend erörtert. Zur Folge ist nun ein Katalog von Taten gefragt.

Welche Übung wann und wie?

Wann welche Übung? Eigentlich kein Problem, denn sie sind nach Schwierigkeitsgraden geordnet und entsprechend bezeichnet. So wird die Wahl der zunächst am einfachsten erscheinenden Übungen erleichtert. Grundsätzlich wird zum Warmreiten unabhängig vom Ausbildungsstand des Pferdes mit leichten Übungen und selbstverständlich nur im Schritt begonnen. Hier ein Beispiel:
Jedes Reiten beginnen Sie natürlich mit einer Warmreitphase im Schritt. Hierzu eignen sich die Standardübungen 1 bis 5. Anschließend empfiehlt es sich, einige dieser Übungen im Jog bzw. Trab zu reiten.
Jetzt haben Sie schon einiges zur Gesunderhaltung Ihres Pferdes veranlasst. Es wurde die Gelenkschmiere aktiviert, die Sehnen wurden etwas gedehnt und die Muskelfasern zu verstärkter Durchblutung der Muskeln genügend angeregt. Nun sollte zunächst und das grundsätzlich für jedes Pferd, das bereits ein halbes Jahr geritten wird, das zu jedem Reiten gehörende Schulterherein je eine halbe bis volle Runde links- und rechtsherum und vorerst im Schritt geritten werden.
Die Schultern sind gelöst, nun sollte der Travers sein Übriges tun und zwar nach den gleichen Regeln wie für das Schulterherein. Erst danach können für Pferde mit etwas fortgeschrittenem Können auch anspruchsvollere und somit schwierige Übungen gewählt werden.
In verschiedenen Übungen sind Passagen aus dem Repertoire der Seitengänge enthalten. Da, wie bereits mehrfach betont, diese Lektionen für eine sinnvolle Gymnastizierung des Pferdes unerlässlich sind, sollten sie ohnehin beherrscht werden. Falls zum Erlernen dieser Seitengänge keine andere Möglichkeit besteht, kann das sehr ausführliche, ins kleinste Detail gehende Lehrbuch „Die neue Freizeitreiter-Akademie“ hier problemlos helfen.
Natürlich kann eine Übung durch Auswechseln bzw. Einfügen weiterer Lektionen geändert und dadurch die Übungspalette wesentlich erweitert werden. Es ist aber unbedingt darauf zu achten, dass, wie vorgesehen, innerhalb einer Übung der Übergang von einer Lektion in die nächste gleitend, also fließend bleibt. Das Pferd wird es Ihnen danken.
Unter keinen Umständen darf ein Pferd durch eine falsche Wahl bzw. zu forsche Abfolge der hier vorgegebenen Übungen überfordert werden. Wird es unwillig, so ist eine Bestrafung hierfür das Verkehrteste. Vielmehr wird seine Unwilligkeit entweder auf Nichtverstehen des von ihm Verlangten zurückzuführen sein, oder es ist dem Pferd wegen mangelnder Gymnastizierung noch nicht möglich, die verlangte Übung durchzuführen. Gegebenenfalls sollte dann auf eine einfachere Übung zurückgegriffen werden. Ein wenig später klappt es dann bestimmt umso besser, und der Frieden zwischen Ihnen und dem Pferd ist wiederhergestellt.
Und noch ein Hinweis: Vergessen Sie nicht die unbedingt recht häufig erforderlichen Erholungs- und Entspannungsphasen am hingegebenen Zügel. Damit laden Sie auch den „Nerven-Akku“ Ihres Pferdes erstaunlich schnell wieder auf.

Der schwierigste aller Seitengänge ist der Renvers. Das Pferd hat vor sich keinerlei Begrenzung und dadurch auch keine Möglichkeit der Anlehnung. Die schöne Innenbiegung gelingt erst nach einer hochqualifizierten Gymnastizierung.

Bei fleißigem Training können dann Ihre Hilfen ständig feiner und unmerklicher werden. Strahlt Ihre Körperhaltung auch noch Ruhe und Gelassenheit aus, werden die Übungen mehr und mehr ein immer schöneres Bild an Harmonie und Ästhetik zeigen.

Zu den Schwierigkeitsgraden

Eigentlich eine gute Idee, die Übungen nach den enthaltenen Schwierigkeiten ein-

zuschätzen und diese unter Berücksichtigung der jeweiligen Gangart zu unterteilen. Nach diesen Vorgaben sollten jedem, dem noch keine Erfahrungen im Nachreiten der Übungen vorliegen, Richtwerte zur Verfügung stehen.
Das hört sich zunächst gut, nützlich und somit brauchbar an. Nur hat die Beurteilung der Schwierigkeitsgrade einige Haken, die jeder Anwender für sich differenziert berücksichtigen muss. Hängt doch in den Übungen die Schwierigkeit, die enthaltenen Lektionen zu reiten, zum einem vom Alter und Ausbildungsstand des Pferdes und zum anderen gleichfalls vom Können des Reitenden ab. So wird einem auch hier das, was man kann, leicht fallen, obgleich es als eigentlich schwer ausgewiesen ist. Dennoch kann und wird die Bewertung der Übungen allgemein als relativer Richtwert von anwendbarem Nutzen sein.

In den Übungen enthaltene Lektionen

Hier eine Aufzählung der Lektionen, die in den Übungen vorkommen können:

- **Das konsequente Anhalten**
aus dem Schritt, Trab, Galopp

- **Die Übergänge**
aus dem Trab in den Schritt, aus dem Galopp in den Trab bzw. Schritt und umgekehrt usw.

- **Die Volte**
am Hufschlag, um Pylonen, in diversen Mustern kombiniert mit Seitengängen, im Schritt, Trab, Galopp

- **Die 180°-Wendung**
aus dem Stand auf dem Hufschlag mit Anlehnung an der Begrenzung, ohne Anlehnung frei im Raum

- **Die Wendung**
um das innere Vorderbein

- **Das Rückwärtstreten**
auch zwischen Stangen, im Winkel und dergl.

- **Die Pirouette**
im Schritt; im Galopp als Halbpirouette und volle Pirouette

- **Der Galoppwechsel**
einfach und fliegend, aber ohne A-Tempi-Übungen

- **Das Schulterherein**
im Schritt, Trab, Galopp, auf dem Hufschlag, Zirkel, in der Volte und dergl.

- **Der Travers**
im Schritt Trab, Galopp, auf dem Hufschlag, auf dem Zirkel, in der Volte

- **Die Traversale**
im Schritt, Trab, Galopp, im Zick-Zack auch mit fliegenden Wechseln und kombiniert mit Volten

- **Die Volltraversale**
im Schritt bei diversen Geschicklichkeitsübungen

- **Der Renvers**
im Schritt, Trab, Galopp, auf dem Hufschlag und Zirkel

- **Die Cavaletti-Arbeit**
im Schritt, Trab und in verschiedenen Höhen

- **Spezielle Lektionen für Geschicklichkeitsübungen**
in jeweils verschiedenen Gangarten, vorwärts, rückwärts, seitwärts, in verschiedenen Seitengängen und Wendungen

Die Übungen

A

Übung 1
Geschlängelte Linie um Pylonen

Schwierigkeitsgrad

im Schritt und Trab: *leicht*
im Galopp mit fliegenden Wechseln: *schwer*

Mein Kurztipp

Im Slalom gehen bedeutet, in kurzer Folge die Richtung zu wechseln. Hierzu ist ein deutliches wechselndes Zusammenspiel von Zügel und Schenkel erforderlich und dieses eigentlich auch mit erheblicher Intensität. Wie Sie Letzteres ändern können, werden Sie nachstehend erfahren.

Beim Slalom heißt es, ständig den Körper rechtzeitig in schnell wechselnde Bewegungsrichtungen zu drehen und die Biegung des Pferdes nach kurzem Geradestellen entsprechend zu ändern.

Tipps zur Hilfengebung

- Drehen Sie zu jeder Richtungsänderung Ihren Oberkörper rechtzeitig in die gewollte Richtung.

- Den inneren Zügel halten Sie beim Annehmen so dicht wie möglich am Pferd, das heißt, direkt über dem Widerrist.

- Der äußere, seitlich am Widerrist liegende Zügel wird so weit nachgegeben, wie der innere, über dem Widerrist gehaltene Zügel verkürzt werden muss.

- Leiten Sie den Galoppwechsel so frühzeitig ein, dass dieser zwischen den Pylonen erfolgt. Unmittelbar vor dem Wechselsprung sind die Zügel unbedingt deutlich nachzugeben.

Erläuterungen

- Zunächst sollten die Grundlagen dieser Übung, so wie in den Tipps angesprochen, im Schritt und danach im Trab geübt werden. Erst dann wird das Reiten dieser Übung, vor allem im Galopp mit fliegenden Wechseln, die gewünschte Flüssigkeit erhalten.

- Weiterhin darf nicht versäumt werden, dass der jeweils innere Zügel, und dies gilt bei jeder Richtungsänderung, beim Verkürzen so dicht wie nur möglich am Pferd, das heißt, genau über dem Widerrist gehalten wird. Dadurch wird das Pferd nicht einfach in eine andere Richtung gezogen, sondern vielmehr, wie erwünscht, um den verwahrend am Pferd liegenden inneren Schenkel gebogen in die neue Richtung gelenkt.

- Während der innere Zügel zu einer Richtungsänderung durch leichtes Zupfen verkürzt wird, hat der äußere Zügel unbedingt um so viel nachzugeben. Hierdurch wird dem Pferdemaul ein äußerst unangenehmer Druck erspart. Würde dies ständig befolgt werden, gäbe es wesentlich weniger Pferde, die andauernd mit dem Kopf hochschlagen.

- Die erforderliche Intensität beim Einsatz von Zügel- und Schenkelhilfen sollte und kann auf ein Minimum reduziert werden. Hierzu ist die rechtzeitige Drehung Ihres Oberkörpers in die jeweils

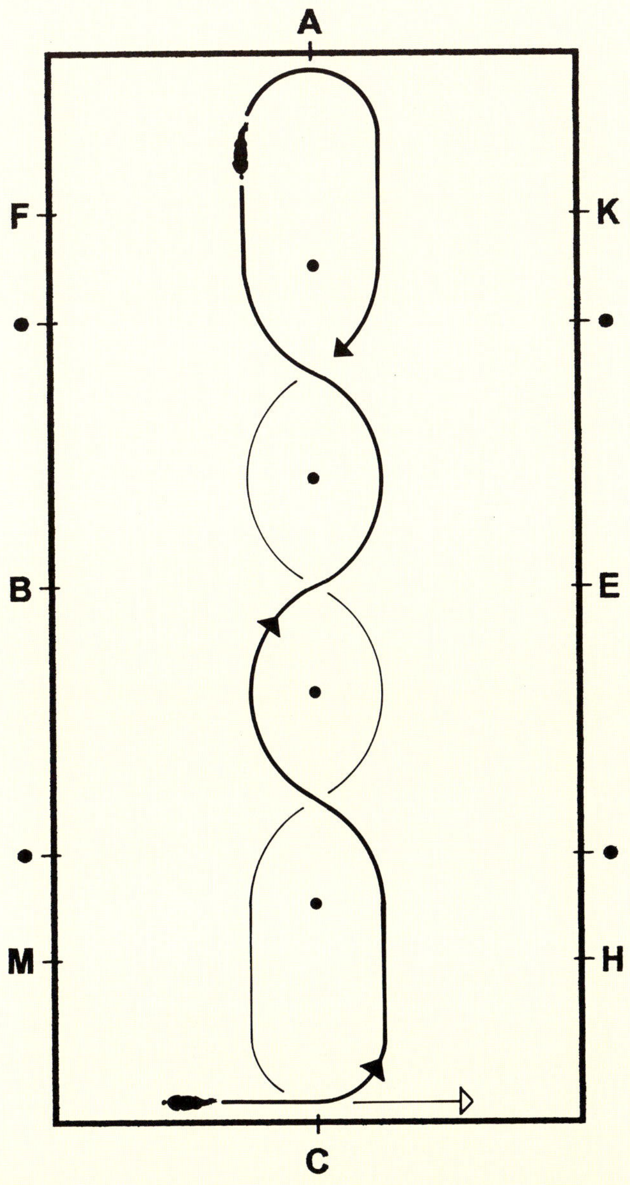

folgende Bewegungsrichtung des Pferdes von gravierender Bedeutung.

▸ Hierzu haben Sie wenig Zeit, zumal Ihre Körperdrehungen voreilend erfolgen sollen, um dem Pferd die jeweils neue Richtung rechtzeitig zu zeigen. Durch häufiges Reiten dieser recht einfachen Übung wird das Verstehen zwischen Ihnen und Ihrem Pferd ungemein zunehmen.

So wird's gemacht

▸ Als Markierungspunkte stellen Sie auf der Mittellinie Pylonen im Abstand von acht bis zehn Schritten auf.

▸ Etwa vier bis fünf Schritte hinter Bahnpunkt C der kurzen Bahnseite biegen Sie nach links ab.

▸ Dann reiten Sie in einer leicht geschlängelten Linie, jeweils genau die Mitte zwischen den Pylonen einhaltend, zur kurzen Seite nach A.

▸ Hinter A, also rechtsherum, geht's in gleicher Folge wieder zurück nach C und dann nach links weg.

▸ Als Belohnung für das Pferd lassen Sie es am hingegebenen Zügel etwa eine halbe Bahnrunde gehen, bevor Sie mit einer weiteren Übung beginnen.

Übung 2
Volten auf der Mittellinie

Schwierigkeitsgrad

im Schritt/Trab: *relativ leicht*
mit Traversale: *mittelschwer*
im Galopp: *mittelschwer*
mit Traversale: *schwer*

Mein Kurztipp

Eine Übungsstunde ohne Volten ist wie eine Suppe ohne Salz. Volten erfordern ein erhebliches Maß an Verständnis für das Zusammenspiel von Hilfen verschiedener Art. Volten zeigen, ob das Pferd versteht, was ihm durch die Hilfen gesagt werden soll.

Auf der Mittellinie um Pylonen geritten werden Volten rund, denn sie geben dem Reitenden eine gute Orientierung und das „Kleben" des Pferdes am Hufschlag wird vermieden.

Tipps zur Hilfengebung

▸ Drehen Sie Ihren Oberkörper nach innen, d.h. bei einer Linksvolte nach links, ohne die innere Schulter fallen zu lassen. So zeigen Sie dem Pferd, dass es auf einer gebogenen Linie (hier Volte) gehen soll. Während Sie also die innere Schulter zurücknehmen, sollten Sie die innere Hüfte leicht vorschieben. Dadurch stellen Sie, wie es korrekt ist, Ihre Hüfte parallel zu der des Pferdes.

▸ Halten Sie den inneren Zügel beim Verkürzen über dem Widerrist und geben Sie den äußeren Zügel, eine Handbreit tiefer gehalten, entsprechend nach.

Erläuterungen

▸ Volten können mit einem Durchmesser von zehn, acht oder sechs Schritten geritten werden. Die Größe der Volte richtet sich nach dem Ausbildungsstand des Pferdes und dem Geschick des Reiters. Je kleiner die Volte, desto schwieriger, aber umso intensiver kann die mögliche seitliche Biegung des Pferdes dadurch sein. Hierzu muss das Pferd so weit seitlich gebogen gehen können, dass im Idealfall die Hinterbeine annähernd der Spur der Vorderbeine folgen und nicht etwa weit daneben, das heißt, nach außen gestellt, gehen. Die etwa

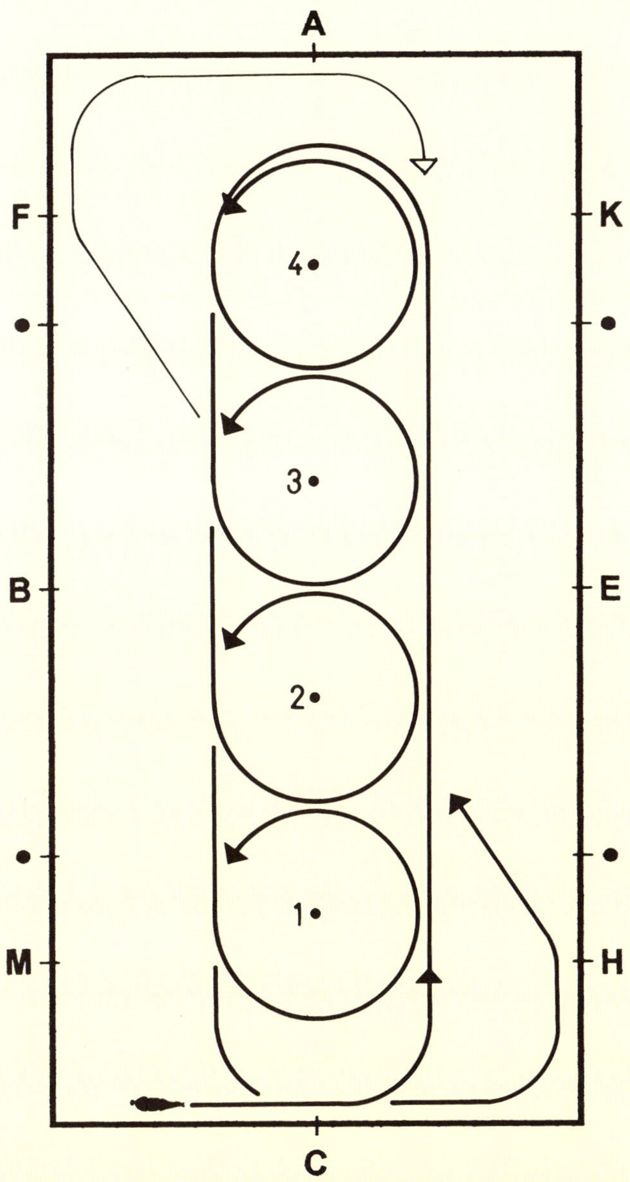

mögliche seitliche Biegung des Pferdes kann und wird sich allerdings erst nach sehr häufigem Üben nach und nach einstellen.

- Pylonen, die auf der Reitbahn in verschiedenen Anordnungen und mit entsprechenden Abständen aufgestellt werden, bieten eine gute Orientierungshilfe, damit die Volten wirklich rund werden. Auch lassen sich mit Hilfe der Pylonen und anderer Markierungshilfen, die noch angesprochen werden, vielseitige Voltenübungen durchführen.

- Die einfachste Übung ist die zunächst gezeigte, wobei um die auf der Mittellinie in entsprechenden Abständen hintereinander aufgestellten Pylonen herum Volte hinter Volte zu reiten ist. Diese Übung können Sie zum Warmreiten des Pferdes, das heißt, im Schritt und am relativ langen Zügel, einsetzen. Im Trab dann nach der ca. zehnminütigen Warmreitphase. Im Galopp kann sie erst dann geritten werden, wenn diese von Ihrem Pferd neben den noch folgenden Übungen im Trab spielend beherrscht wird.

So wird's gemacht

- Als Markierungspunkte stellen Sie auf der Mittellinie Pylonen im Abstand von sechs bis zehn Schritten auf.

- Von links kommend, biegen Sie auf der kurzen Bahnseite etwa drei bis fünf Schritte hinter Punkt C ab.

▸ Dann geht's je nach Größe des gewählten Voltendurchmessers, im Abstand von drei bis fünf Schritten von den Pylonen entfernt, geradeaus bis zum letzten Pylon.

▸ Um den Pylon 4 reitend, beginnen Sie nun mit der ersten Volte und kehren dann, Volte für Volte reitend, zur kurzen Seite zurück.

▸ Weiter geht's linksherum nach H und durch die ganze Bahn wechselnd nach F.

▸ Von F gehen Sie, je nach gewählter Voltengröße, bis zu fünf Schritte an A vorbei und biegen nach rechts ab. In Höhe des Pylon 4 beginnen Sie nun mit der Wiederholung der Übung rechtsherum.

▸ Zur Belohnung lassen Sie Ihr Pferd eine Bahnrunde am hingegebenen Zügel im Schritt gehen, bevor Sie eine neue Übung beginnen.

▸ Sind Sie und Ihr Pferd bereits etwas fortgeschritten und soll diese Übung nicht zum „Warmreiten" verwendet werden, kann der vorgenannte diagonale Wechsel auch mittels einer Traversale vorgenommen werden.

Einem Pferd, das gern die Nase zu hoch trägt, wird, wenn es in der Volte schön seitlich nach innen gebogen wird, bald dazu die Lust vergehen. Beides gleichzeitig wird ihm nämlich unangenehm. So kommt der Kopf mit nur sanftem Zügeleinsatz wieder herunter.

Übung 3
Volten im Kleeblatt

Tipps zur Hilfengebung

▸ Drehen Sie Ihren Oberkörper in die jeweils gewollte Bewegungsrichtung und zeigen Sie dem Pferd den gewünschten Weg. Während die innere Schulter zurückgenommen wird, schieben Sie die innere Hüfte hingegen etwas vor.

▸ Halten Sie den inneren Zügel beim Verkürzen über dem Widerrist und geben Sie den äußeren Zügel, eine Handbreit tiefer gehalten, entsprechend nach.

Erläuterungen

▸ Auch diese Übung ist zum Warmreiten des Pferdes einsetzbar, das heißt, dann selbstverständlich nur im Schritt geritten. Im Trab können die Volten nach der ca. zehnminütigen Warmreitphase geritten werden. Im Galopp sollten Sie eine Übung erst dann reiten, wenn Ihr Pferd die Seitengänge Schulterherein, Travers und Traversale im Schritt und Trab beherrscht.

▸ Mit den in den Übungen vorgeschlagenen Seitengängen sollte erst nach korrekter Beherrschung von Zirkeln u. Volten begonnen werden. Natürlich ist auch diese Übung zur gleichmäßigen Gymnastizierung Ihres Pferdes links- sowie rechtsherum zu reiten.

▸ Bei leichter Biegung des Pferdes in die Bewegungsrichtung ist seine innere Schulter entsprechend zurückgenommen. Bei korrekter Drehung Ihres Körpers in die Bewegungsrichtung sind Ihre Schultern mit denen des Pferdes, wie angestrebt, parallel gestellt. Ebenso ist bei entsprechender Drehung Ihre Hüfte parallel zu der des Pferdes gestellt.

So wird's gemacht

▸ Als Markierung stellen Sie vier Pylonen in einem Quadrat im Abstand von acht bis zehn Schritten voneinander um den Bahnmittelpunkt X auf.

▸ Von der kurzen Seite kommend, biegen Sie bei C auf die Mittellinie in Richtung A ab.

Schwierigkeitsgrad

im Schritt: *leicht*
im Trab: *relativ leicht*
mit Seitengang: *mittelschwer*
im Galopp: *schwer*

Mein Kurztipp

Lektionen wie Volten sind unverzichtbar. Sie sollten aber mit Fantasie in ständig neuen Versionen in Übungen eingebunden werden. So lässt die Abwechslung bei Pferd und Reiter neben allen anderen positiven Auswirkungen auch keine Langeweile aufkommen.

Die hier nicht sichtbaren Pylonen bilden Fixpunkte für die zu reitende Volten-Kleeblatt-Übung. Der in die jeweilige Voltenlinie gedrehte Körper des Reiters sowie seine korrekte, aber mit kaum merklichem Zug ausgeübte Zügelführung zeigen dem Pferd den Weg.

- In Höhe von Pylon 1 umkreisen Sie diesen linksherum in einer Volte von sechs bis zehn Schritt Durchmesser.

- Auf derselben Kreisbahn beginnen Sie eine zweite Volte, die nach dreiviertel Umkreisung des Pylonen beendet wird.

- Danach passieren Sie geradeaus, das heißt, im rechten Winkel, die Mittellinie und beginnen mit der Volte um Pylon 2 in gleicher Weise.

- Anschließend reiten Sie auf der Mittellinie entlang in Richtung C und umkreisen linksherum Pylon 3 eindreiviertel Mal.

- Jetzt geradeaus über die Mittellinie zur Volte um Pylon 4 reiten und nach wiederum eindreiviertel Volten, auf der Mittellinie geradeaus nach A.

- Auf der kurzen Seite reiten Sie linksherum bis nach F. Von dort wechseln Sie durch ganze Bahn nach H. Beherrschen Sie und Ihr Pferd bereits die Seitengänge, so reiten Sie diesen diagonalen Wechsel ais Traversale.

- Natürlich sollten Sie dieses Volten-Kleeblatt zur gleichmäßigen Gymnastizierung Ihres Pferdes auch rechtsherum reiten. Die Pylonen sind dann in der Reihenfolge 2, 1, 4, 3 je eindreiviertel Mal zu umkreisen.

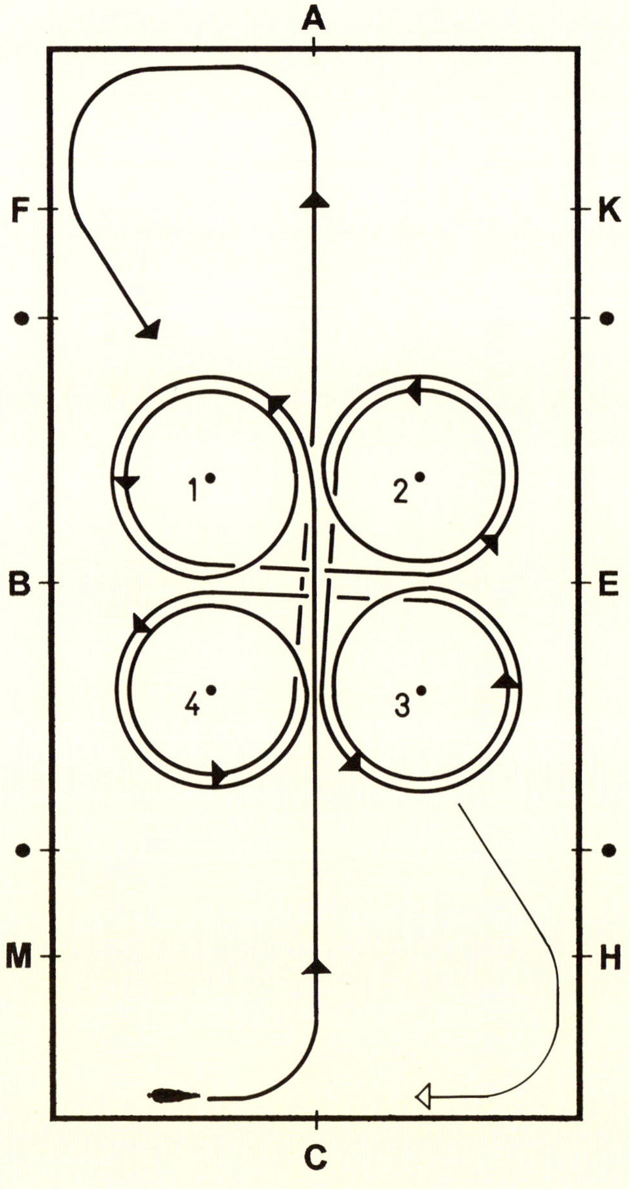

Übung 4
Das Mäandermuster

Tipps zur Hilfengebung

- Bereits einige Meter vor dem Ende jeder Durchquerung der Reitbahn biegen Sie Ihr Pferd in die neue Richtung.

- Hierbei muss der innere Schenkel durch entsprechendes Anlegen dafür sorgen, dass das Pferd nicht zu früh in die vorgezeigte Richtung abbiegt.

- Nicht vergessen, bei jeder Rundung rechtzeitig den Oberkörper nach innen zu drehen, ohne die innere Schulter hierbei fallen zu lassen. Zusammen mit dem beim Verkürzen über dem Widerrist zu haltenden Zügel zeigen Sie damit dem Pferd die gewünschte Richtung an.

Erläuterungen

- Das Mäandermuster, im Schritt und mit relativ lockerem Zügel geritten, eignet sich sehr gut für die Warmreitphase.

- Im Trab korrekt geritten, dient es besonders der seitlichen Biegung des Pferdes. Hierzu ist allerdings erforderlich, dass das Pferd rechtzeitig vor jedem Abbiegen seitlich leicht gebogen, das heißt, bereits nach innen gestellt wird. Achten Sie darauf, dass der innere Zügel hierbei so dicht wie möglich am Pferd, am besten daher über dem Widerrist gehalten wird.

- Im Galopp geritten sollte unbedingt darauf geachtet werden, dass der einfache bzw. fliegende Wechsel nicht zu spät, das heißt, nicht nur mittig zwischen den Pylonen, sondern auch möglichst auf der Mittellinie erfolgt. Auch muss verhindert werden, dass das Pferd nach dem fliegenden Wechsel schräg vom vorgesehenen Muster abdriftet.

Schwierigkeitsgrad

im Schritt/Trab: *relativ leicht*
im Galopp mit einfachen Wechseln: *mittelschwer*
mit fliegenden Wechseln: *schwer*

Mein Kurztipp

Neben allen gesundheitsbezogenen Effekten sollen die Übungen auch fließend sein. Das Mäandermuster ist hierzu ein gutes Beispiel. Glatt fließend mit sanften Rundungen lässt es sich auch in die Warmreitphase einbinden.

Das Mäandermuster eignet sich gut zum Warmreiten des Pferdes. Hier wird mit der entsprechenden Drehung des Oberkörpers und Schenkelsignalen der Weg angezeigt. Lediglich der innere Zügel sagt dem Pferd durch leichtes Vibrieren hin und wieder, dass der Kopf in die Bewegungsrichtung zeigen soll, während der äußere Zügel leicht durchhängt.

So wird's gemacht

- Als Markierungspunkte stellen Sie auf der Mittellinie Pylonen im Abstand von sechs bis zehn Schritten auf.

- Von der kurzen Seite bei C kommend, gehen Sie linksherum und möglichst weit in die Ecke reitend auf den Hufschlag der langen Seite.

- In einer sanften Rundung biegen Sie vom Hufschlag in Richtung Bahnmittellinie so ab, dass Sie in einem rechten Winkel zwischen den Pylonen 1 und 2 zur anderen langen Bahnseite gelangen.

- Kurz vor Erreichen des Hufschlags biegen Sie, wieder in einer sanften Rundung, aber nun nach rechts ab, um wie zuvor in einem rechten Winkel die Pylonen 2 und 3 genau mittig zu passieren.

- Jetzt wieder linksherum verfahren Sie zum Passieren der Pylonen 3 und 4 wie gehabt.

- Nun gehen Sie mit Ihrem Pferd auf dem Hufschlag weiter über Bahnpunkt F bis nach A.

- Bei A bringen Sie Ihr Pferd zu einem konsequenten Halt. Danach lassen Sie es zur Belohnung bei hingegebenem Zügel eine halbe Bahnrunde gehen.

- Beim Reiten dieser Übung im Galopp erfolgt der einfache oder fliegende Wechsel jeweils zwischen den Pylonen auf der Höhe der Mittellinie.

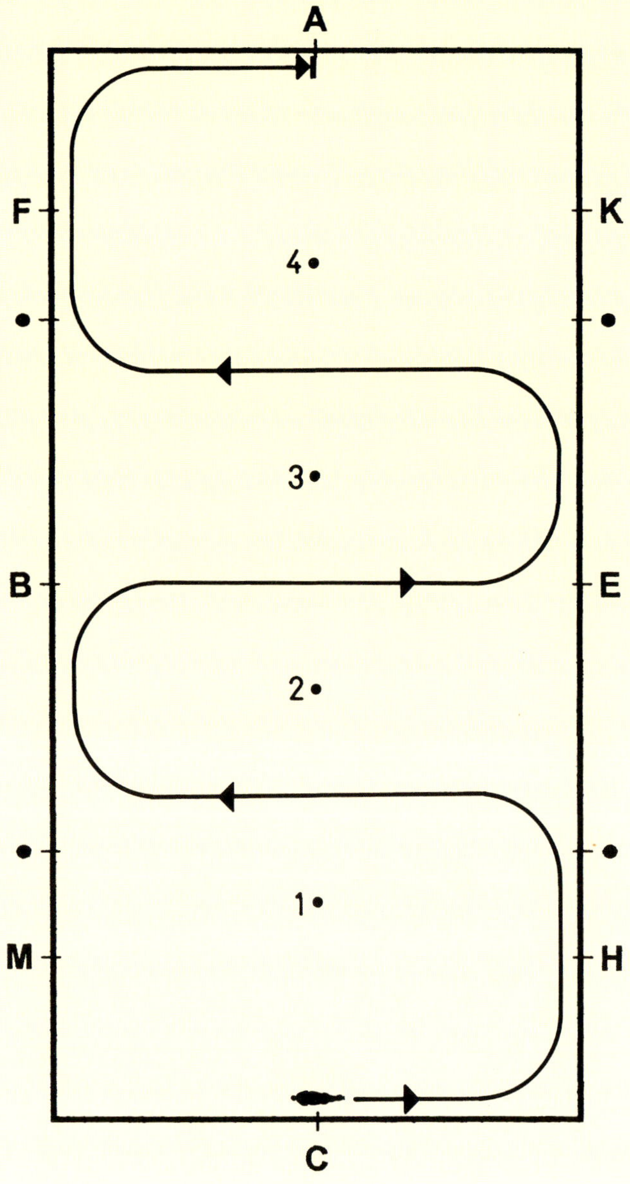

Übung 5
Das Mäandermuster mit Volten

Tipps zur Hilfengebung

▸ Bereits einige Meter vor dem Ende jeder Durchquerung der Reitbahn biegen Sie Ihr Pferd in die vorgesehene neue Richtung. Hierbei muss der innere Schenkel durch entsprechendes Anlegen dafür sorgen, dass das Pferd nicht zu früh in die vorgezeigte Richtung abbiegt.

▸ Nicht vergessen, bei jeder Rundung rechtzeitig den Oberkörper nach innen zu drehen, ohne die innere Schulter hierbei fallen zu lassen. Zusammen mit dem Verkürzen des über dem Widerrist gehaltenen Zügels zeigen Sie dem Pferd, ohne es nach innen zu ziehen, damit die gewünschte Richtung an.

▸ Sämtliche genannten Hilfen gelten selbstverständlich auch für das Reiten der eingefügten Volten.

Erläuterungen

▸ Voraussetzung ist allerdings, dass rechtzeitig vor jedem Abbiegen das Pferd seitlich gut gebogen, das heißt, bereits nach innen gestellt wird. Ein vorzeitiges Abbiegen des Pferdes wird durch entsprechenden Einsatz des inneren Schenkels verhindert.

▸ Die korrekte Haltung des inneren Zügels und sein Einsatz sind bei Richtungsänderungen von besonderer Bedeutung. Er sollte so dicht wie möglich am Pferd und daher auf dem Widerrist – dort ist die absolute Grenze – liegen. Je weiter der innere Zügel vom Pferd weg eingesetzt wird, desto mehr wird

Schwierigkeitsgrad

im Schritt/Trab: *relativ leicht*
im Galopp mit einfachen Wechseln: *mittelschwer*
mit fliegenden Wechseln: *schwer*

Mein Kurztipp

Das Mäandermuster mit zusätzlichen Volten eignet sich vor allem durch seine vielen Rundungen hervorragend als Gymnastizierungsübung zur seitlichen Biegung des Pferdes. Dieses Muster, im Galopp mit fliegenden Wechseln in souveräner Ruhe geritten, wird Sie für etliche Mühen belohnen.

Beim Mäandermuster mit Volten geht's viele Male rund. Kaum wurde das Pferd von der Rundung am Hufschlag gerade gestellt, kommt schon wieder eine Volte. Hier muss schnell geschaltet werden, um das Pferd rechtzeitig für die nächste Biegung vorzubereiten.

Wichtig beim Mäandermuster ist vor allem, dass das Pferd, wie hier Vigoroso, vor der nächsten Volte rechtzeitig in die neue Bewegungsrichtung gebogen wird.

das Pferd seitlich weggezogen und wird sich nicht seitlich biegen. Vielmehr wird es seinen Hals in ganzer Länge stark zur Seite klappen und als Ausgleich seine hintere Körperhälfte nach außen drehen.

▸ Das einseitige Verkürzen des jeweils inneren Zügels soll nicht durch grobes Ziehen erfolgen, sondern vielmehr durch ein Zupfen als Signal. So viel der innere Zügel verkürzt wird, um so viel muss der äußere Zügel nachgegeben werden. Sie könnten sonst Ihr Pferd zum Kopfschlagen erziehen.

▸ Im Galopp geritten sollte bei dieser Übung unbedingt darauf geachtet werden, dass der einfache bzw. fliegende Wechsel nicht zu spät, das heißt, unmittelbar nach Vollendung der jeweiligen Volte, erfolgt. Auch muss verhindert werden, dass das Pferd nach dem fliegenden Wechsel schräg vom vorgesehenen Muster abweicht.

So wird's gemacht

▸ Als Markierungspunkte stellen Sie auf der Mittellinie vier Pylonen im Abstand von acht bis zehn Schritten auf.

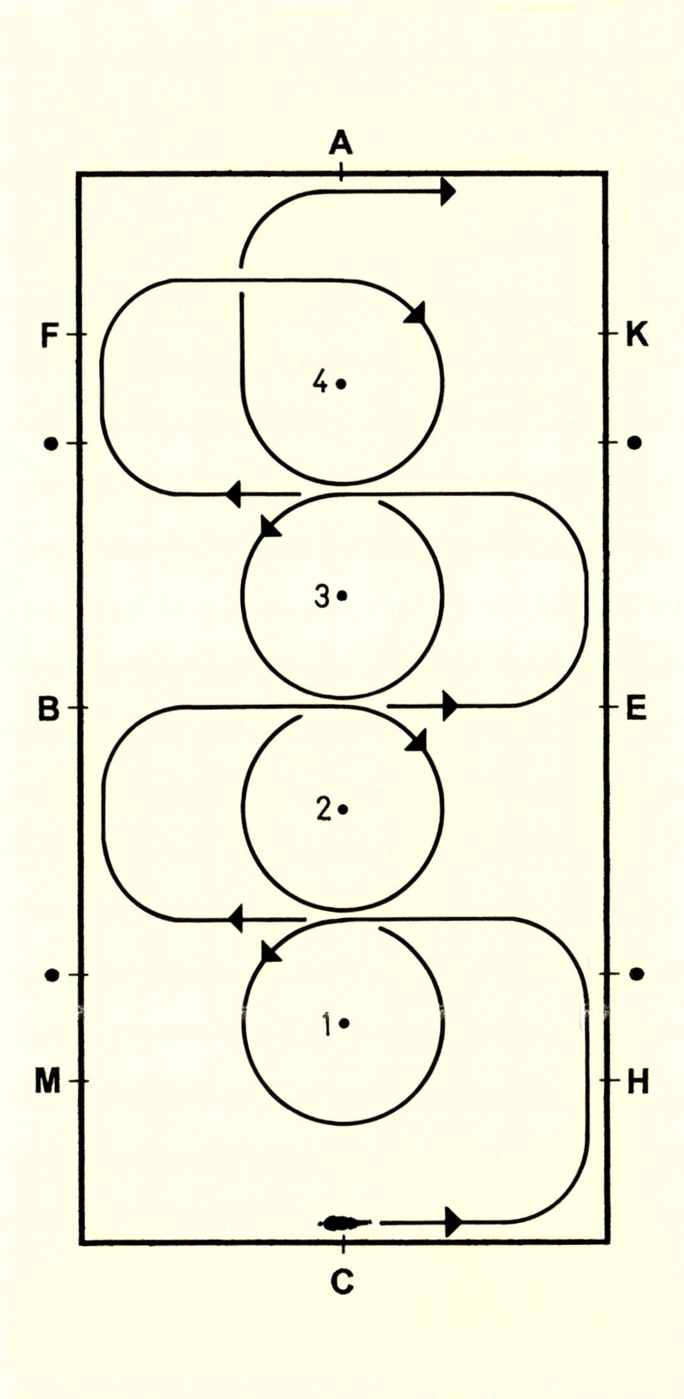

- Von der kurzen Seite bei C linksherum kommend, biegen Sie hinter H in einer sanften Rundung in Richtung Bahnmittellinie so ab, dass Sie zwischen die Pylonen 1 und 2 gelangen würden.

- Bevor Sie diesen Punkt erreichen, gehen Sie mit Ihrem Pferd in eine leichte Linksbiegung, um dann in einer Linksvolte um Pylon 1 zu reiten.

- Nun geht's zur anderen Bahnseite. Mit nach rechts gestelltem Pferd reiten Sie, wie bereits beschrieben, in einer sanften Rundung zur Rechtsvolte um Pylon 2.

- Dann geht's geradeaus weiter in Richtung der gegenüber liegenden langen Bahnseite. Stellen Sie Ihr Pferd rechtzeitig in eine Linksbiegung, bevor Sie in einem sanften Bogen nach links abbiegen.

- Jetzt geht's nach vorgegebenem Muster linksherum zur Mitte und in eine Linksvolte um Pylon 3.

- Ebenso verfahren Sie dann rechtsherum und umrunden in einer Rechtsvolte Pylon 4, bis Sie in Richtung der kurzen Bahnseite weiterreiten und bei A den Hufschlag erreichen.

- Nun lassen Sie Ihr Pferd zur Belohnung etwa eine halbe Bahnrunde am hingegebenen Zügel gehen.

Übung 6
Das Voltenkarree

Schwierigkeitsgrad

im Schritt: *leicht*
im Trab: *mittelschwer*
im Galopp: *schwer*

Mein Kurztipp

Neben den vielen im Voltenkarree enthaltenen Elementen, die sich hervorragend zur Gymnastizierung des Pferdes eignen, wird hier auch ein erhebliches Maß an Präzision gefordert. Die genau einzuhaltende Voltenform mittels der zu passierenden Hütchendurchgänge bedeutet für Pferd und Reiter eine Herausforderung.

Tipps zur Hilfengebung

▸ Ohne die innere Schulter fallen zu lassen, drehen Sie Ihren Oberkörper um so viel nach innen, wie es entsprechend der Voltengröße erforderlich ist. Sie zeigen damit dem Pferd, dass es eine recht eng begrenzte Bogenlinie gehen soll.

▸ Halten Sie den inneren Zügel beim Verkürzen über dem Widerrist.

▸ Der äußere Zügel, eine Handbreit tiefer gehalten, wird entsprechend nachgegeben. Äußere Zügelhand und äußerer Schenkel begrenzen durch entsprechenden Druck eine ungewollte Vergrößerung der Volte besonders im Galopp.

Erläuterungen

▸ Diese Übung erfordert bereits beim Durchgang im Trab durch die zusätzlichen Markierungspunkte noch mehr Geschick für die präzise einzuhaltende Voltenform und steigert sich extrem beim Galopp. Somit verlangt die gesamte Übung von Pferd und Reiter etliches an Konzentration und gegenseitigem Verstehen.

So wird's gemacht

▸ Als Markierungspunkte stellen Sie um den Bahnmittelpunkt X zu einem Quadrat vier Pylonen im Abstand von ca. acht bis zehn Schritten auf.

Nur wer präzise die vorgegebenen Rundungen im Voltenkarree einhält, wird hier fehlerlos den Parcours verlassen.

▸ Zur Markierung des Mittelpunktes zwischen den Pylonen sind jeweils zwei Hütchen aufzustellen. Ihr Abstand soll ca. 1 m zueinander betragen.

▸ In einem durch zwei Stangen begrenzten Gang (Anordnung siehe Zeichnung) wird das Pferd aufgestellt. Nach kurzem Halt beginnt die Übung.

▸ Zunächst reiten Sie geradeaus zwischen den Hütchen von Pylon 2 und 3 und den Pylonen 1 und 4 hindurch.

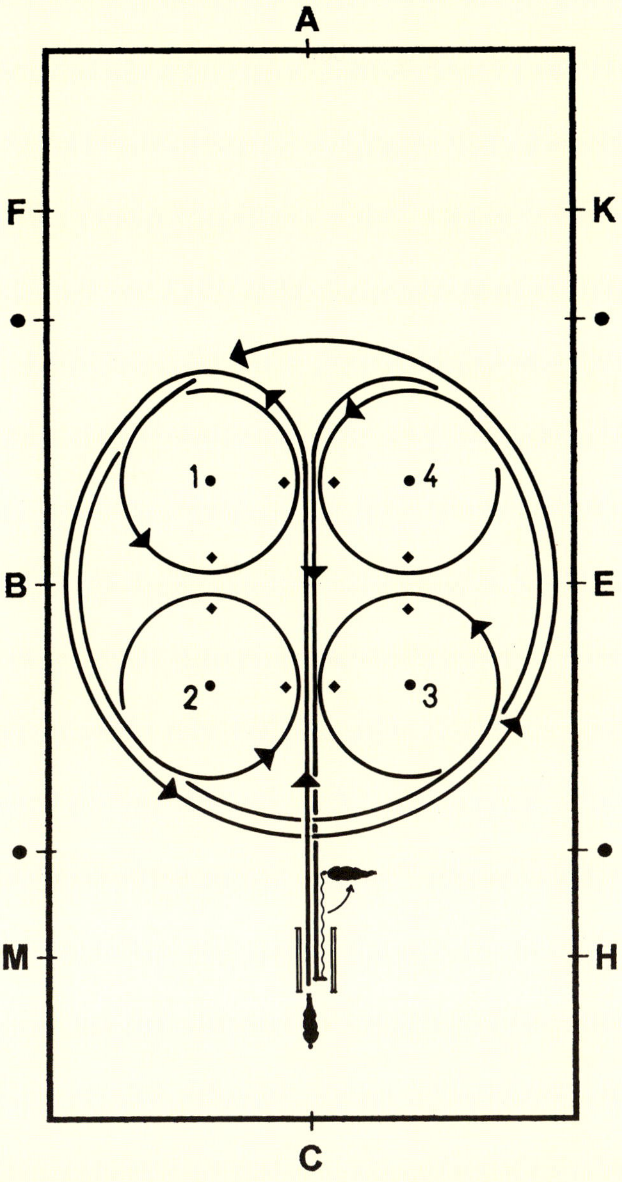

- Dann nach links abwenden, und einige Meter Abstand haltend umrunden Sie das Quadrat.

- Am Pylon 1 wieder ankommend, geht's in einer Volte links um diesen herum. Hierbei passieren Sie die Hütchendurchgänge zwischen den Pylonen 1 und 2 sowie 1 und 4.

- Weiter geht's außen und linksherum zur Volte um den Pylon 2. Hierzu passieren Sie die Hütchendurchgänge zwischen den Pylonen 2 und 3 sowie 1 und 2.

- Weiter geht's außen und linksherum zu Volten um die Pylonen 3 und 4 wie beschrieben.

- Nun geht's zwischen den Pylonen 1 und 4 geradeaus zum Stangengang zurück.

- Im Stangengang konsequent anhalten und ein paar Sekunden verharren. Dann das Pferd rückwärts aus dem Stangengang heraustreten lassen und es zum Abschluss zu einer 90°-Wendung veranlassen.

- Nach einer Bahnrunde am hingegebenen Zügel wird die gesamte Übung wie beschrieben rechtsherum geritten. Hierzu ändert sich die Reihenfolge der mit jeweils einer Volte zu umrundenden Pylonen, und zwar wie folgt: 4, 3, 2, 1.

Übung 7
Volten vergrößern

Schwierigkeitsgrad

im Schritt: *relativ leicht*
im Trab: *mittelschwer*

Mein Kurztipp

Diese Art der Voltenvergrößerung ist eine der Vorstufen zum Erlernen des Schulterhereins. Sie erleichtert Pferd und Reiter das Einfühlen in den wichtigsten Seitengang. Hinzu kommt, dass die Hilfengebungen zur Vorübung die gleichen sind wie beim Schulterherein selbst.

Tipps zur Hilfengebung

- Drehen Sie Ihren Oberkörper und das Becken nach innen. Knicken Sie nicht in der inneren Hüfte ab, sondern halten Sie Ihren Oberkörper senkrecht.

- Der innere Schenkel wird eine Handbreit hinter dem Gurt mit erforderlichem Druck angelegt.

- Verlagern Sie Ihr Gewicht nach außen.

- Durch leichtes Verkürzen des über dem Widerrist gehaltenen inneren Zügels stellen Sie den Kopf Ihres Pferdes leicht nach innen.

- Der äußere, etwas tiefer gehaltene Zügel ist um so viel nachzugeben, wie der innere verkürzt wird.

Erläuterungen

- Die Hilfengebung ist bei dieser Voltenvergrößerung anders als üblicherweise. Vermeintliche Nachteile entstehen jedoch nicht (siehe auch Lehrbuch „Die neue Freizeitreiter-Akademie"). Es hat sich herausgestellt, dass diese Hilfen vielmehr das Erlernen des Schulterhereins wesentlich erleichtern.

- Als weitere Vorstufen zum Erlernen des Schulterhereins dienen das „Schultervor" (siehe Übung Nr. 8) sowie die Übung Nr. 9.

Achtung! Beim Voltevergrößern geht das Pferd mit seiner voll gebogenen Seite in die Bewegungsrichtung. Folglich muss man seinen Körper nach innen drehen, das Gewicht nach außen verlagern und das Pferd nach innen gebogen stellen. Man merkt, dass es sich um eine Vorübung für das Schulterherein handelt.

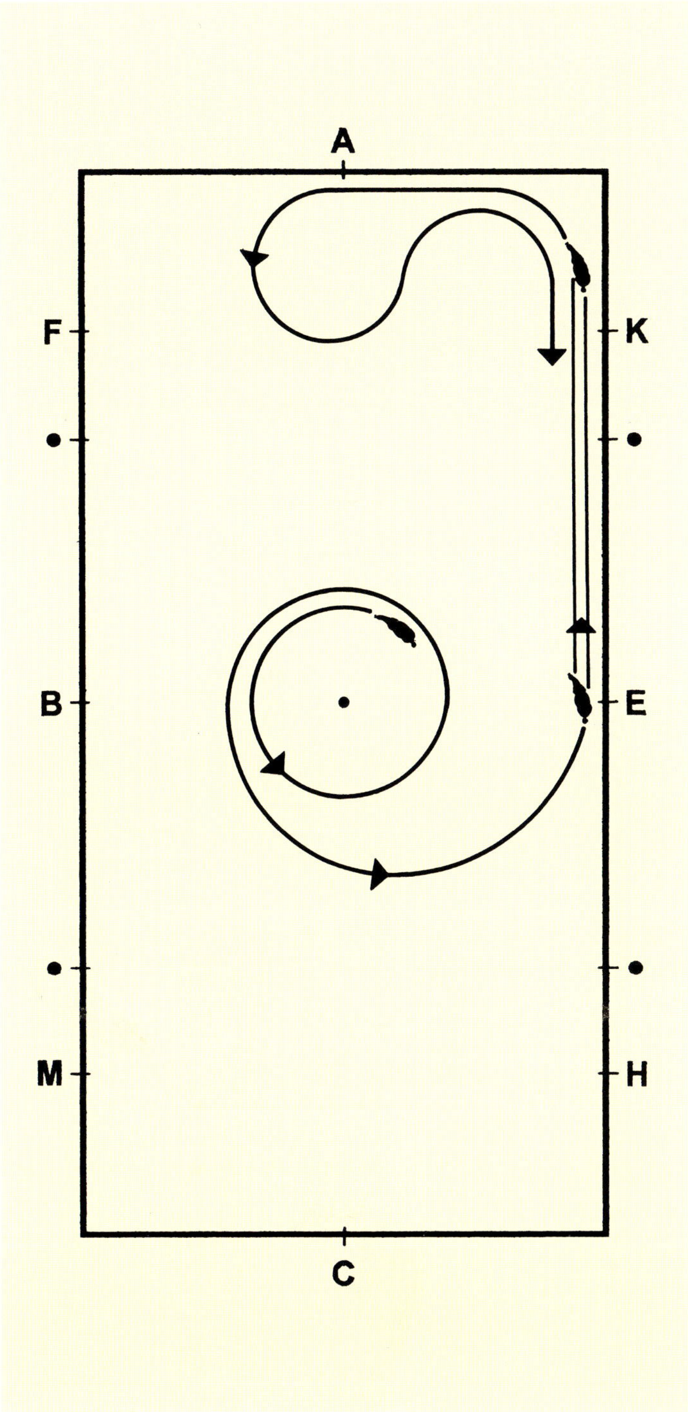

So wird's gemacht

- Als Orientierungshilfe dient ein Pylon im Bahnmittelpunkt X.
- Sie beginnen linksherum mit einer normal gerittenen Volte um den Pylon. Der Voltendurchmesser sollte acht bis zehn Schritte betragen.
- Nun vergrößern Sie die Volte unter Beachtung der entsprechenden Hilfen schneckenförmig.
- Kurz vor Erreichen des Hufschlages stellen Sie das Pferd so schräg, dass die Hinterbeine zuerst den Hufschlag erreichen.
- Achten Sie darauf, dass lediglich die Hinterbeine und allenfalls das äußere Vorderbein auf den Hufschlag gelangen. Dazu kann ein stärkerer Druck der äußeren, seitlich am Widerrist angelegten Zügelhand erforderlich werden.
- In der erreichten Schulterherein-Stellung von zunächst ca. 30° führen Sie Ihr Pferd nun weiter auf dem Hufschlag bis zum Ende der langen Bahnseite entlang.
- Beim Bahnpunkt A ist eine Kehrtvolte zu reiten. Mit hingegebenem Zügel geht's nun bis E.
- Bei E sind die Zügel wieder aufzunehmen. Etwa drei bis fünf Schritte weiter biegen Sie nach rechts ab und beginnen, an der Mittellinie angekommen, mit einer Volte die gleiche Übung, jedoch rechtsherum.

Übung 8
Das Schultervor

Schwierigkeitsgrad

im Schritt und Trab: *mittelschwer*

Mein Kurztipp

Das Schultervor ist eine Schnupperübung für Pferde, die noch zu jung für das Erlernen von Seitengängen sind.
Und noch eine sehr wichtige Funktion erfüllt diese Übung. Es ist eine sehr gute Lektion zur Beseitigung der so genannten natürlichen bzw. angerittenen Schiefe des Pferdes.

Tipps zur Hilfengebung

▸ Drehen Sie Ihren Oberkörper sowie das Becken leicht nach innen, das heißt, so weit, wie das Pferd mit seinen Vorderbeinen nach innen schräg gestellt werden soll (ca. 15°).

▸ Achtung, hierbei nicht die innere Schulter fallen lassen.

▸ Die äußere, mit leichtem Druck seitlich am Widerrist anliegende Zügelhand gibt um so viel nach, wie der innere über dem Widerrist gehaltene Zügel zur leichten Biegung des Pferdes verkürzt werden muss.

▸ Der innere treibende Schenkel liegt eine Handbreit hinter dem Gurt und hält die Hinterbeine des Pferdes auf dem Hufschlag.

Erläuterungen

▸ Das Schultervor ist als eine Vorübung für das Schulterherein gedacht. Es eignet sich aber auch gut für Pferde, die für das Erlernen von Seitengängen noch zu jung sind.

▸ Als ein hervorragendes Mittel lässt sich das Schultervor auch gegen die angeborene so genannte natürliche sowie angerittene Schiefe des Pferdes einsetzen. Diese Schiefe kann sich z. B. so zeigen, dass das Pferd, linksherum auf dem Hufschlag gehend, ständig bestrebt ist, mit der Kruppe vom Hufschlag weg mehr oder weniger ausgeprägt nach innen zu schieben, während zumindest das äußere Vorderbein nach außen strebt. Hierdurch geht es ständig in einer schiefen Stellung.

▸ Die unerlässliche seitliche Biegung mittels der Seitengänge, der Volten und dergleichen wird hierdurch erheblich erschwert, wenn nicht unmöglich. Der alte Reitmeister Steinbrecht hatte dies schon seinerzeit klar erkannt. Er prägte den berühmten und auch

Der Kopf des Pferdes ist ein wenig nach innen gestellt. Sein inneres Vorderbein geht dicht an der Innenkante des Hufschlags entlang. Das äußere Hinterbein hingegen wird an der äußeren Kante des Hufschlags entlang geführt. So soll im Schultervor das Pferd gegen eine fehlerhafte Schiefstellung der Kruppe nach innen gestellt sein.

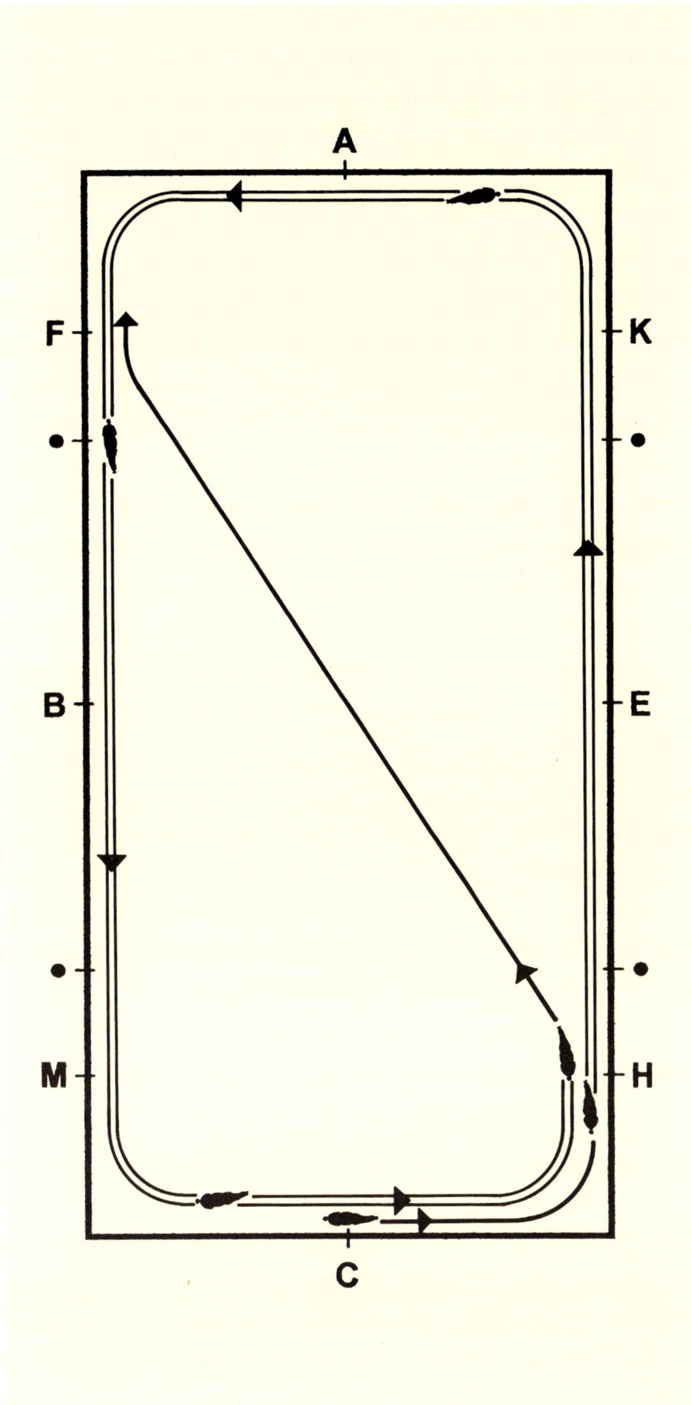

heute noch gültigen Spruch: „Richte dein Pferd gerade und reite es vorwärts."

- Die angerittene Schiefe hingegen resultiert aus der Vorliebe des Reitenden, aber auch des Pferdes, für eine bestimmte Richtung. Daher wird auch wiederholend darauf hingewiesen, dass jede hierzu mögliche Übung jeweils links- wie auch rechtsherum geritten werden muss.

- Da hier die Übung Schultervor beschrieben werden sollte, wurde an dieser Stelle lediglich die Schiefe des Pferdes nach innen, das heißt, bei linksherum mit nach innen links gestellter Kruppe, angesprochen.

So wird's gemacht

- Von der kurzen Seite bei C kommend, reiten Sie linksherum nach H.

- Kurz vor H stellen Sie das Pferd unter Beachtung der entsprechenden Hilfen in eine leichte Schrägstellung von etwa 15°.

- Nun geht's mit seitlich leicht nach innen gebogenem Pferdehals im so genannten Schultervor eine Bahnrunde herum nach H.

- Von H gehen Sie, diagonal durch die ganze Bahn wechselnd, nach F.

- Bei K beginnen Sie nun wie zuvor mit dem Schultervor rechtsherum.

Übung 9
Vorübung zum Schulterherein

Schwierigkeitsgrad

im Schritt: *relativ leicht*

Mein Kurztipp

Obgleich de la Guérinière um 1730 sein Schulterherein als unverzichtbares Element der Gymnastizierung des Pferdes vertrat, erfuhr hier dieser Seitengang noch in den achtziger Jahren nur begrenzt Beachtung. Nun aber bemühen sich viele und vor allem auch Freizeitreiter, die „Mutter aller Seitengänge", das Schulterherein, zu erlernen.

Tipps zur Hilfengebung

- Sie schauen in die vorgesehene Bewegungsrichtung des Pferdes.
- Den Oberkörper drehen Sie so weit nach innen, wie das Pferd in Schrägstellung gehalten werden soll, ohne Ihre innere Schulter hierbei fallen zu lassen.
- Der innere treibende Schenkel liegt eine Handbreit hinter dem Gurt.
- Die äußere gegen den Widerrist gehaltene Zügelhand hilft mit entsprechendem Druck, die Schrägstellung des Pferdes beizubehalten.
- Der innere Zügel hält, leicht verkürzt, den Hals des Pferdes etwas seitlich nach innen gebogen.
- Ihr Gewicht verlagern Sie in die Bewegungsrichtung.

Erläuterungen

- Auch hier handelt es sich um eine Vorübung für den Seitengang Schulterherein (siehe auch Übungen 7 und 8). Pferde haben beim Üben des Schulterhereins anfangs häufig große Schwierigkeiten, mit den Vorderbeinen neben dem Hufschlag, also in Schrägstellung auf diesem, zu gehen. Durch die beschriebene Übung wird diese Schwierigkeit zunächst umgangen.
- Allerdings fehlt zu dieser frei in den Raum gestellten Übung wiederum der richtunggebende Hufschlag. Um dennoch in einer geraden Linie durch die Länge der Bahn in leichter Schulterhereinstellung reiten zu können, schauen Sie nicht wie üblich über die Längsachse des Pferdes, sondern vielmehr in die gewünschte Bewegungsrichtung. Nur so können Sie konzentriert das Pferd in gerader Linie halten.
- Die Gewichtsverlagerung in die Bewegungsrichtung erleichtert dem Pferd, das innere Beinpaar vorwärts/seitwärts über das äußere Beinpaar zu kreuzen. Die üblicherweise angeführ-

Vom Hufschlag getrennt, so wie hier auf der Mittellinie, gehen die ungeübten Pferde williger schräg gestellt. Eine gute Vorübung zum Schulterherein.

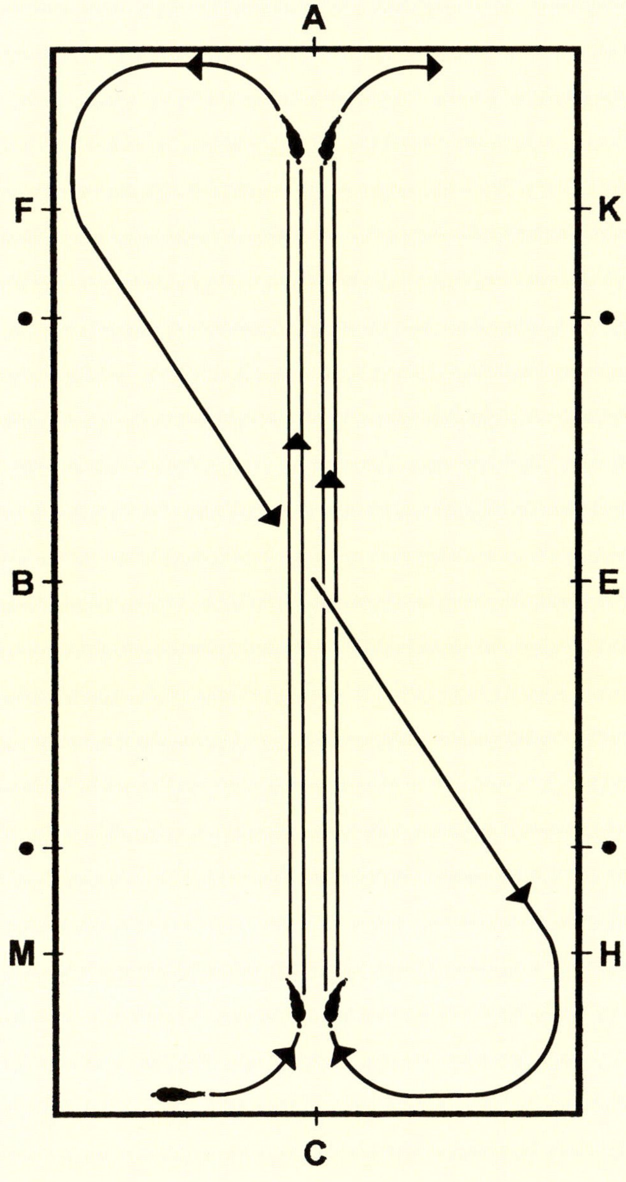

ten Nachteile werden durch andere Maßnahmen gegenstandslos (s. „Die neue Freizeitreiter-Akademie“).

So wird's gemacht

- Auf der kurzen Seite von links kommend, biegen Sie bei C nach links auf die Mittellinie in Richtung A ab.
- Nun drehen Sie Ihr Pferd mit dem Kopf nach links zeigend in eine Schrägstellung von etwa 30°.
- In dieser Stellung gehen Sie unter Beachtung der entsprechenden Hilfen im leichten Schulterherein auf der Mittellinie entlang nach A.
- Von A geht's linksherum nach F und von dort durch die ganze Bahn wechselnd nach H.
- Auf der kurzen Seite biegen Sie bei C nach rechts in Richtung A ab.
- Jetzt wiederholen Sie die Übung, jedoch mit einer seitlichen Biegung nach rechts.
- Anschließend reiten Sie zur Entspannung für das Pferd rechtsherum eine Bahnrunde mit hingegebenen Zügeln.

Übung 10
Volten auf dem Mittelzirkel

Schwierigkeitsgrad

im Schritt u. Trab: *relativ leicht*
im Galopp: *mittelschwer*

Mein Kurztipp

Bereits die alten Reitmeister wussten Zirkel und Volten zu schätzen. Sie wussten, wie sehr ihr Einsatz sich auf die Gesunderhaltung und Stärkung von Körper und Psyche des Pferdes auswirkt.
Man sollte dem Zirkel und der Volte mehr Beachtung schenken und den Zirkel nicht nur zum (Ab-)Longieren des Pferdes benutzen.

Tipps zur Hilfengebung

- Drehen Sie Ihren Körper entsprechend der Rundung von Zirkel und Volten nach innen, ohne die innere Schulter fallen zu lassen. Ihre innere Hüfte hingegen schieben Sie etwas vor. So stehen Ihre Schulter und Hüfte parallel zu der des seitlich leicht gebogenen Pferdes.

- Der innere über dem Widerrist gehaltene Zügel wird hierzu leicht verkürzt. Die äußere Zügelhand liegt seitlich am Widerrist, um ein Ausbrechen des Pferdes durch entsprechenden Druck zu verhindern.

- Der innere Schenkel liegt verwahrend am Gurt, der äußere treibende eine Handbreit dahinter.

- Für die Traversale brauchen die Schenkelhilfen nicht geändert zu werden. Hingegen muss der äußere Zügel nun über dem Widerrist und die innere Zügelhand seitlich am Widerrist liegen. Die innere Zügelhand wird, unterstützend zu den übrigen Hilfen, mit so viel Druck seitlich angelegt, dass das Pferd nur mit leichter Führung der Vorderbeine, also in nahezu paralleler Stellung zum Hufschlag, traversiert.

Erläuterungen

- Es läuft wie ein roter Faden durch dieses Buch, dass gebogene Linien einen weitaus größeren Gymnastizierungseffekt haben als das ständige Geradeausreiten. Noch größer ist bei diesem Vergleich der Nutzen für die Psyche des Pferdes.

- Zirkel und Volten sind einfache Rundungen, die durch vieles Üben ohne Schwierigkeiten zu reiten sind. Sie sind aber unglaublich nützlich und vielseitig einsetzbar. Sie machen das Pferd biegsam und geschmeidig und können bei allzu flotten Rennern als sanfte Bremse wirken.

- Die Variationsmöglichkeiten von Übungen unter Verwendung der Rundungen, wie Volten und Zirkel, ist erheblich. Eine häufige Anwendung von Übungen, in denen diese Elemente enthalten sind, hilft mit, Ihr Pferd ruhig, ausgeglichen

Volten zur Biegung des Pferdes kann man nicht genug reiten. Nur Eintönigkeit darf hierbei nicht aufkommen. Werden sie wie hier im Galopp geritten und in einen Zirkel eingefügt, braucht man dies nicht zu befürchten.

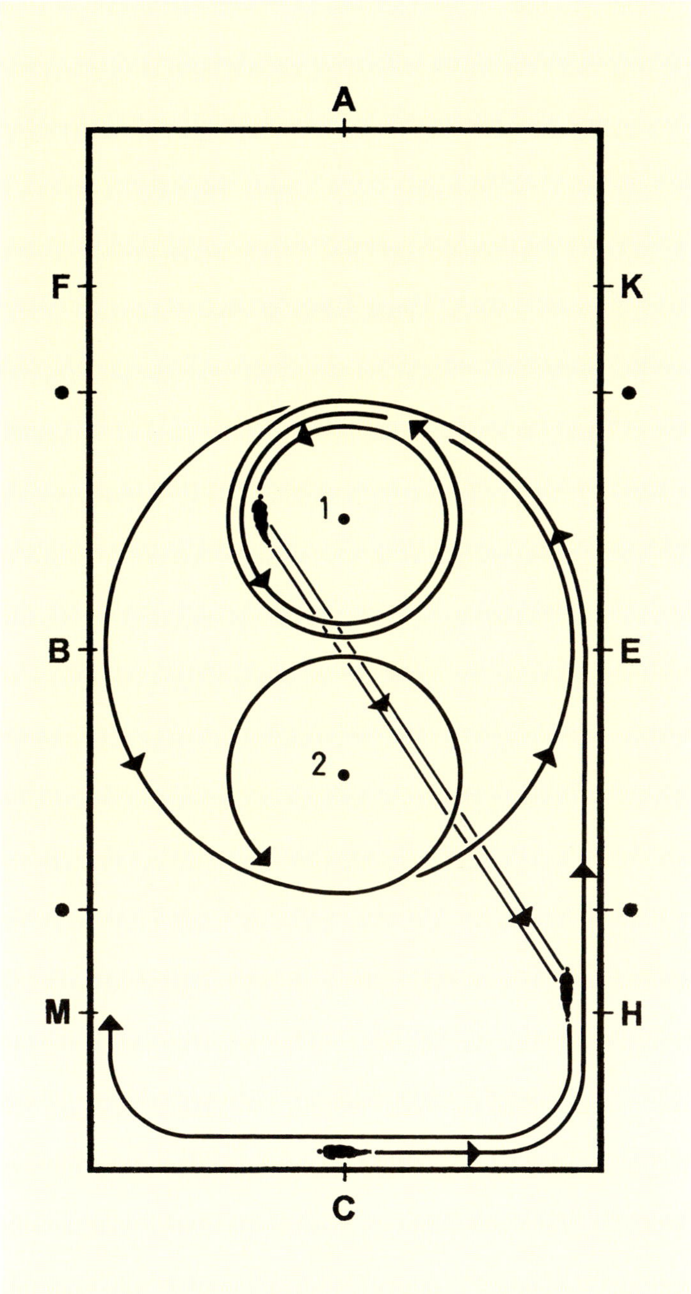

und damit zuverlässig zu machen. Nichts ist wertvoller als das. Besonders beim Reiten im Gelände gibt dies ein beruhigendes Gefühl und bringt Ihnen mehr Freude am Reiten.

So wird's gemacht

- Als Markierungspunkte stellen Sie auf der Mittellinie rechts und links vom Bahnmittelpunkt X je einen Pylon im Abstand von jeweils fünf Schritten von X entfernt auf.
- Von der kurzen Seite C kommend gehen Sie linksherum auf dem Hufschlag bis zum Punkt E.
- Von dort beginnen Sie einen Mittelzirkel.
- Auf dem Kreisbogen des Zirkels reitend, gelangen Sie zu Pylon 1 und umrunden diesen in fünf Schritten Abstand.
- Nach Beendigung der Volte reiten Sie auf dem Mittelzirkel weiter über Punkt B zu Pylon 2.
- Mit fünf Schritten Abstand reiten Sie in einer Volte um Pylon 2 und weiter nach E.
- Über Punkt E kommend, beginnen Sie einen zweiten Mittelzirkel und umrunden nun nochmals Pylon 1, aber in einer eineinviertel Volte.
- Aus dieser eineinviertel Volte heraus gehen Sie über X in eine Traversale nach H.
- Von H geht's weiter über C nach B.
- Bei B beginnen Sie mit einem Mittelzirkel rechtsherum. Reiten Sie nun die Übung in gleicher Weise wie bereits für linksherum erklärt.

Übung 11
Schulterherein mit Volten

Schwierigkeitsgrad

im Schritt/Trab: *mittelschwer*
im Galopp: *schwer*

Mein Kurztipp

Allzu häufig werden Pferde durch unbotmäßig lange einseitige Reprisen überfordert. Irgendwann reagiert das Pferd sauer.
Je kurzweiliger Sie Ihr Reitprogramm gestalten, desto mehr Aufmerksamkeit und Lernbereitschaft werden Sie von Ihrem Pferd erwarten können. Und hier sorgen dafür die eingeschobenen Volten.

Tipps zur Hilfengebung

▸ Verabschiedet sich Ihr Pferd beim Schulterherein so weit vom Hufschlag ins Bahninnere, dass Sie es nur mit Schwierigkeiten ohne Unterbrechung der Lektion wieder zurückführen könnten, so führen Sie es in einer außerplanmäßigen Volte wieder zum Hufschlag. Den Beginn einer zweiten Volte nur andeutend, verkürzen Sie kurzfristig beide Zügel so, dass Ihr Pferd mit den Hinterbeinen auf dem Hufschlag bleiben muss. Nun verlagern Sie Ihr Gewicht stark in die Bewegungsrichtung, und weiter geht's im Schulterherein.

▸ Ihren Kopf sollten Sie zu keiner Zeit nach unten senken. Sie verbiegen dabei Ihre Wirbelsäule. Auch engen Sie sich mental erheblich ein, was zu Verkrampfungen des Körpers führt. Ihr Blick soll vielmehr frei und offen über die Längsachse des schräg gestellten Pferdes hinweg in die Ferne gerichtet sein.

Erläuterungen

▸ Die erforderlichen Hilfen sowie die Körperhaltung des Reiters sind zu den in dieser Übung vorkommenden Lektionen in verschiedenen Tipps bereits mehrfach beschrieben.

▸ Wie bereits erwähnt, weichen die hier angeratenen Hilfen oftmals von den allgemein üblichen ab. Es hat sich herausgestellt, dass die von mir gelehrten Hilfengebungen zu den verschiedensten Lektionen, vor allen beim Erlernen und in den ersten Jahren danach, vom Pferd sehr viel schneller und leichter verstanden werden. Ebenso geht es den Reitenden, die dadurch eine wesentliche Erleichterung erfahren. Etwa vermutete Nachteile sind nicht gegeben.

▸ Eine erklärende eingehende Begründung hierzu ist meinem Buch „Die neue Freizeitreiter-Akademie“ zu entnehmen. Sollten Sie aber mit Ihren erlernten Hilfen klarkommen, so können Sie natürlich auch diese anwenden.

Gleich wird Vigoroso in eine Volte gehen. Bei einer Bahnrunde im Schulterherein können auf halber Bahnlänge eingelegte Volten eine angenehme Auflockerung bewirken.

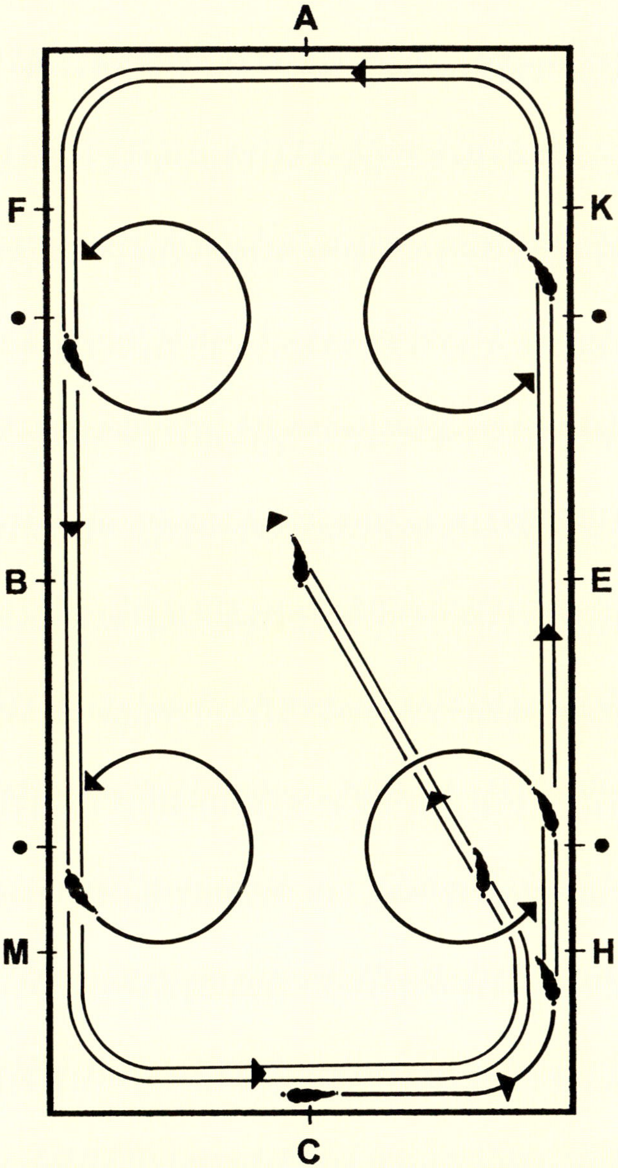

So wird's gemacht

- Von der kurzen Seite bei C linksherum kommend, biegen Sie bereits vor der Ecke das Pferd leicht nach innen.
- Auf der langen Seite geht's nun im Schulterherein in einer Schrägstellung von ca. 30° bis 45° bis zum ersten Zirkelpunkt. Dort reiten Sie unter Beibehaltung von Körper- und Zügelhaltung eine Volte linksherum.
- Anschließend geht's weiter im Schulterherein bis zum nächsten Zirkelpunkt und einer weiteren Volte linksherum.
- Ebenso verfahren Sie auf der nächsten langen Seite mit den Unterbrechungen mittels Volten an den beiden Zirkelpunkten.
- Anschließend geht's weiter im Schulterherein auch auf der kurzen Seite und bis nach H.
- Bei gleich bleibender Biegung des Pferdes beginnen Sie hier eine Traversale, wobei Sie nur Ihren Schenkeleinsatz umstellen müssen. Nun geht's durch die ganze Bahn wechselnd in der Traversale nach F.
- Zur Erholung lassen Sie Ihr Pferd mit hingegebenem Zügel nach C gehen. Dann wiederholen Sie diese Übung rechtsherum.

Übung 12
Seitengänge und Volte

Schwierigkeitsgrad

im Schritt: *relativ leicht*
im Trab: *mittelschwer*
im Galopp: *schwer*

Mein Kurztipp

Geschickt überlegte Übergänge von einem Element ins andere wirken beruhigend und strahlen Harmonie aus. Aus einer Volte mit der gleichen Biegung des Pferdes ins Schulterherein übergehen oder die Biegung aus dem Schulterherein in eine Traversale übernehmen, das ist hiermit gemeint.

Tipps zur Hilfengebung

- Die erforderlichen Schenkel und Zügelhilfen sollten zwar für das Pferd deutlich, aber in ihrer Intensität so sanft wie möglich gegeben werden.

- Hingegen sollten Ihre Körperhilfen, also das Drehen des Körpers bei Seitengängen, intensiv erfolgen. Auch für jede Änderung der Bewegungsrichtung sowie für Zirkel, Volten und andere Rundungen trifft dies unbedingt zu. Wenn Sie diese Regel ständig befolgen, erreichen Sie als Belohnung eine ungewöhnliche Sensibilität Ihres Pferdes.

- Verlagern Sie Ihr Gewicht bei Seitengängen in die Bewegungsrichtung des Pferdes. Halten Sie Ihren Oberkörper stets senkrecht. Achten Sie darauf, dass Sie vor allem beim Travers nicht den Oberkörper, in der Hüfte einknickend, schräg nach außen halten, dabei den inneren Schenkel abspreizen und das Pferd vor sich her schieben.

Erläuterungen

- Die wesentlichsten Hilfengebungen für die Seitengänge wurden bereits an anderer Stelle angesprochen. Bei noch etwa offen gebliebenen Fragen, empfehle ich im Buch „Die neue Freizeitreiter-Akademie“ nachzuschlagen. Im Übrigen sollten Sie die erforderlichen Hilfen bereits weitgehend beherrschen, bevor Sie mit dieser Übung beginnen.

- Beim Wechsel von einem Seitengang in einen anderen ist der aus dem Schulterherein in die Traversale besonders zu empfehlen.

- Bis das Pferd sich im Schulterherein wirklich korrekt biegt, wird es einige Zeit dauern. Sie werden aber festgestellt haben, dass es mit den von mir empfohlenen vereinfachten Hilfen dem Pferd erleichtert wird, sich etwas seitlich zu biegen. Auch ist im Schulterherein dieses Problem für das Pferd nicht so groß, da es ihm nicht so schwer fällt, mit seiner vollgebogenen Seite in die Bewegungsrichtung zu gehen.

So wird's gemacht

- Von der kurzen Seite bei C kommend, gehen Sie noch vor H ins Schulterherein.

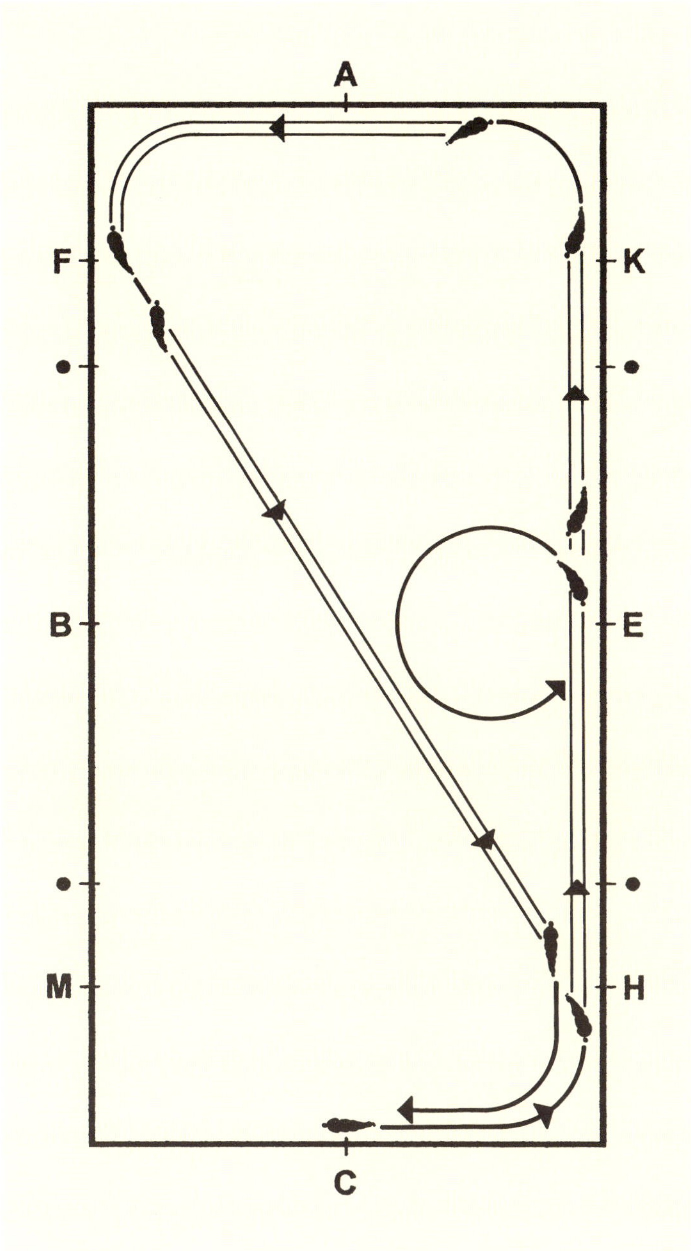

Aus dem Schulterherein kommend, lässt sich das Pferd wunderbar in eine Volte führen. Aus dieser heraus kann es genauso elegant dann in den Travers gleiten. Solche nahtlosen Wechsel sind besonders harmonisch, da die schöne Biegung des Pferdes aus dem Schulterherein bei diesem Ablauf nicht geändert werden muss.

- Bei E reiten Sie eine Volte.
- Aus der Volte heraus dann in den Travers übergehend weiter bis zum Ende der langen Seite.
- In der Ecke zur kurzen Seite ins Schulterherein wechseln und weiter nach F.
- Aus dem Schulterherein heraus reiten Sie bei F, in eine Traversale übergehend, diagonal durch die ganze Bahn wechselnd nach H.
- Reiten Sie nun zur Entspannung am hingegebenen Zügel bis A und nehmen Sie dort die Zügel wieder auf.
- Aus der Ecke heraus beginnen Sie wieder im Schulterherein die gleiche Übung rechtsherum.

Übung 13
Volten zum Verbinden von Seitengängen

Schwierigkeitsgrad

im Schritt/Trab: *mittelschwer*
im Galopp: *schwer*

Mein Kurztipp

Viele Wege führen nach Rom. So gesehen auch die, welche zum nahtlosen Verbinden einer Reihe verschiedener Seitengänge zu einer Übung führen.
Und wieder ist die Volte gefragt, die hier als elegantes Verbindungsglied eine sinnvolle Funktion erhält. Guérinière hatte Recht, indem er der Volte eine große Bedeutung beimaß.

Tipps zur Hilfengebung

▸ Achten Sie unbedingt darauf, dass bei erforderlichen Hilfenwechseln diese sehr deutlich gegeben werden. Danach sind die Hilfen sofort wieder auf das normale Maß zu minimieren.

▸ Verlagern Sie Ihr Gewicht bei Seitengängen stets in die Bewegungsrichtung des Pferdes.

▸ Knicken Sie beim Travers nicht in der Hüfte nach außen ein. Verlagern Sie vielmehr Ihr Gewicht in die Bewegungsrichtung. Letzteres gilt auch für das Schulterherein.

Erläuterungen

▸ Die Hilfengebung für die Seitengänge wurde bereits an anderer Stelle angesprochen. Auch sollten Sie die erforderlichen Hilfen weitestgehend beherrschen, bevor Sie mit dieser Übung beginnen. Zur Übung 12 wurde bereits die Nützlichkeit des Übergangs vom Schulterherein in die Traversale besonders erwähnt. Dies verliert aber an Bedeutung, wenn nicht darauf geachtet wird, dass die Biegung aus dem Schulterherein beim Übergang in die Traversale erhalten bleibt.

▸ Hervorzuheben ist zu dem Ablauf dieser Übung, dass sich die Übergänge von einem Seitengang in einen anderen mittels einer Volte mühelos für Pferd und Reiter durchführen lassen. Hierdurch können solche und ähnliche Übungen Leichtigkeit und Eleganz ausstrahlen.

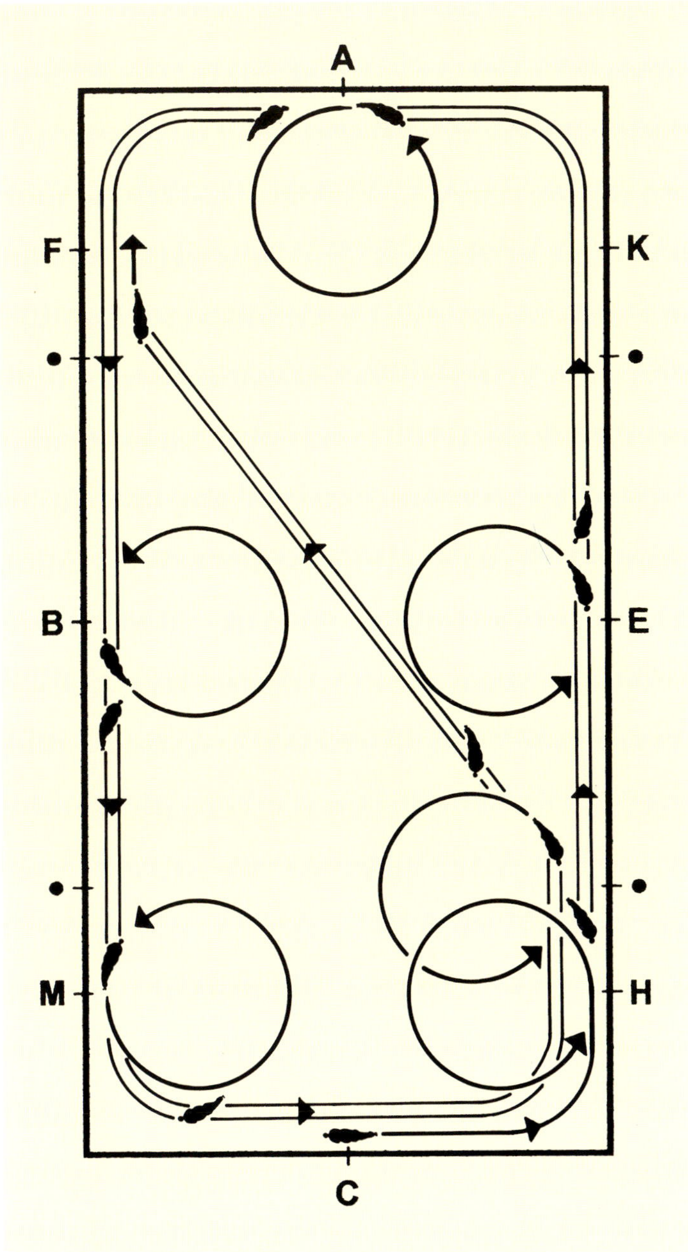

Und immer wieder Volten. Zu Übungen in verschiedensten Mustern zusammengefügt, zur Auflockerung in Seitengängen oder zu geschickten Übergängen, zu all diesem bietet sich die Volte an. – Im Bild Vigoroso in barocker Abstellung im Travers. Gleich wird er mittels einer verbindenden Volte ins Schulterherein wechseln.

So wird's gemacht

- Von der kurzen Seite bei C kommend, reiten Sie bis H. Dort gehen Sie in eine Volte.
- Aus der Volte heraus reiten Sie im Schulterherein nach E.
- Bei E reiten Sie eine Volte.
- Aus der Volte heraus dann in den Travers übergehend weiter bis A.
- Nach einer Volte bei A weiter im Schulterherein über F nach B.
- Nach einer weiteren Volte bei B wechseln Sie in den Travers über.
- Im Travers weiter bis M.
- Bei M eine Volte mit Übergang ins Schulterherein und über die kurze Bahnseite und H weiter zum Zirkelpunkt.
- Am Zirkelpunkt eine Volte reiten.
- Aus der Volte in eine Traversale übergehend durch die Bahn diagonal zum Zirkelpunkt der gegenüber liegenden Bahnseite wechseln.
- Dort die Übung beenden und das Pferd mit anderthalb Bahnrunden am hingegebenen Zügel belohnen.
- Auf der kurzen Seite bei C die Zügel wieder aufnehmen und die gleiche Übung nun rechtsherum wiederholen.

Übung 14
Zick-Zack-Traversale

Schwierigkeitsgrad

im Schritt/Trab: *mittelschwer*
im Galopp: *schwer*

Mein Kurztipp

Die Zick-Zack-Traversale verlangt eine schnelle Reaktionsfähigkeit, Aufmerksamkeit und Nervenstärke von Pferd und Reiter.
Dies gilt bereits für die Lektion im Trab geritten und natürlich insbesondere für den Galopp. Gelingt Ihnen Letzteres mit entsprechend wechselnder Biegung, so brauchen Sie sich feucht werdender Augen nicht zu schämen.

Tipps zur Hilfengebung

- Zwischen den dauernden Richtungswechseln haben Sie nur wenig Zeit, um das Pferd für einen Augenblick gerade stellen zu können, bevor Sie es in die entgegengesetzte Richtung biegen. Dieses Geradestellen des Pferdes für einen kurzen Moment ist aber unumgänglich.

- Diese hochsensible Lektion erfordert entsprechende Hilfen. So versuchen Sie unter keinen Umständen durch Ziehen am äußeren, über dem Widerrist zu haltenden Zügel, das Pferd in Traversalstellung zu bringen bzw. zu halten. Dafür ist die seitlich am Widerrist zu haltende innere Zügelhand durch Gegenhalten zuständig.

- Der äußere, knapp eine Handbreit hinter dem Gurt liegende Schenkel sorgt durch entsprechenden Druck für das Vorwärts-/Seitwärts-Gehen des Pferdes, während der innere, locker am Gurt gehaltene Schenkel bei zu starkem Seitwärtsschub tätig werden muss.

- Halten Sie den Kopf nie gesenkt, denn so verbiegen Sie Ihre Wirbelsäule, und auch Ihre Psyche leidet darunter. Sie engen

Bei der Zick-Zack-Traversale ist schon nach wenigen Schritten eine Richtungsänderung und somit auch ein Wechsel der Hilfengebungen erforderlich. Herrscht beiderseitige Verständigung, wird dies kaum bemerkbar sein.

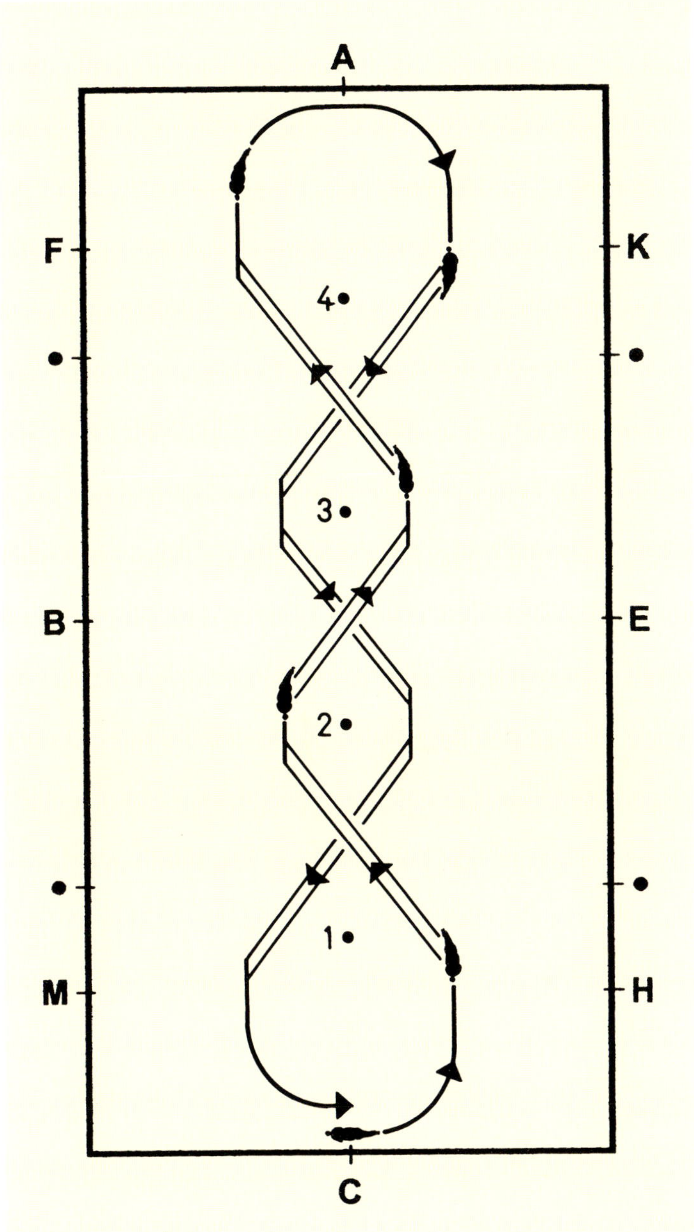

sich ein und werden verkrampft. Dies alles geschieht, ohne dass Sie es wahrnehmen. So verklemmt, wird Ihr Pferd kaum Leichtigkeit und Lockerheit ausstrahlen können. Also ständig Kopf hoch und mit freiem und weitem Blick über den Pferdekopf hinweg in die Ferne schauen.

Erläuterungen

- Die Zick-Zack-Traversale erfordert, bedingt durch die in kurzer Folge durchzuführenden Richtungsänderungen, schnelle Reaktionen. Dementsprechend müssen die wechselnden Hilfengebungen schnell, präzise und anfangs besonders deutlich erfolgen. Dies verlangt von Ihnen und Ihrem Pferd eine erhebliche Konzentration.

- Anfangs sollten Sie die Zick-Zack-Traversale zu Gunsten einer korrekten Ausführung im Schritt und nur schwach ausgeprägt reiten. Mit zunehmender Routine können Sie dann die Traversalen mit weniger Vorwärtsschub, dafür aber mit mehr seitwärts gerichtetem Schub ausgeprägter reiten.

- Im Trab, aber besonders im Galopp mit fliegenden Wechseln, jeweils in die sich ständig ändernden Richtungen gebogen, locker und leicht geritten, bietet diese Übung ein traumhaft schönes Bild. Wer im wahrsten Sinne des Wortes Schritt für Schritt bei seinen Übungen vorgeht, kann auch diese Übung nach angemessener Zeit fehlerlos und mit geschildertem Ausdruck beherrschen.

So wird's gemacht

- Als Anhalts- und Markierungspunkte stellen Sie auf der Mittellinie vier Pylonen im Abstand von acht bis zehn Schritten auf.

- Auf der kurzen Bahnseite biegen Sie etwa drei bis vier Schritte hinter C nach links ab.

- Nach einigen Schritten beginnen Sie mit der Traversale am Pylon 1 vorbei, unter Beachtung der entsprechenden Hilfengebungen nach links.

- Traversieren Sie möglichst dicht hinter Pylon 1 vorbei über die Mittellinie.

- Nach etwa drei bis vier weiteren Schritten beenden Sie die kurze Traversale. Hierzu ist in einigen Fällen ein deutlicher Einsatz des inneren Schenkels erforderlich.

- Nach zwei bis drei Geradeausschritten, bei denen Sie Ihr Pferd gerade richten, geht's nach rechts gebogen hinter Pylon 2 in eine weitere kurze Traversale.

- In gleicher Weise verfahren Sie am Pylon 3 nach links, wobei Sie in dieser Traversale weitergehen, bis Sie Pylon 4 passiert haben. Dann gehen Sie geradeaus zur kurzen Bahnseite und biegen rechts ab nach A.

- Drei bis vier Schritte hinter A biegen Sie wieder nach rechts ab und reiten die gleiche Übung noch einmal zur kurzen Bahnseite nach C.

- Vergessen Sie nicht, das Pferd zur Belohnung eine Bahnrunde am hingegebenen Zügel sich strecken zu lassen.

Beherrschen Pferd und Reiter die Zick-Zack-Traversale aus dem Handgelenk, können die Traversalverschiebungen weiter ausgelegt werden. So kann die Zick-Zack-Traversale zum Tanz werden.

Übung 15
Zick-Zack-Traversale mit Volten

Tipps zur Hilfengebung

- Als Vorübung sollten Sie anfangs nur wenig ausgeprägte Zick-Zack-Traversalen und daher ohne Volten geritten haben.

- Zwischen den dauernden Richtungswechseln haben Sie nur wenig Zeit, um das Pferd für einen Augenblick gerade stellen zu können. Dies ist jedoch ein unbedingtes Muss, bevor Sie es in die entgegengesetzte Richtung biegen.

Erläuterungen

- Die Zick-Zack-Traversale erfordert, bedingt durch die in kurzer Folge durchzuführenden Richtungsänderungen, schnelle Reaktionen. Dementsprechend müssen die wechselnden Hilfengebungen schnell, präzise und anfangs besonders deutlich erfolgen. Dies erfordert von Ihnen und Ihrem Pferd eine erhebliche Konzentration. Kommen noch Volten hinzu, wird diese noch verstärkt gefordert.

- Im Galopp mit den erforderlichen fliegenden Wechseln locker und leicht geritten, bietet diese Übung ein besonders schönes Bild. Wer im wahrsten Sinne des Wortes Schritt für Schritt bei seinen Übungen vorgeht, kann auch diese Übung bald fehlerlos und mit Ausdruck beherrschen.

Schwierigkeitsgrad

im Schritt/Trab: *mittelschwer*
im Galopp: *schwer*

Mein Kurztipp

Mit der Zick-Zack-Traversale, in korrekter wechselnder Biegung im Galopp geritten, ist ein Meilenstein in der Ausbildung des Pferdes zum anspruchsvollen Reiten erreicht.
Durch das Einfließen von Volten wird die Übung nun erweitert. Natürlich zunächst alles im Schritt und Trab.

Die Zick-Zack-Traversale mit Volten dürfte eine interessante Übung mit viel Abwechslung sein. Während eine Schülerin sich zwischen den Pylonen in der Traversale befindet, stellt die andere, aus der Volte kommend, reaktionsschnell die Hilfengebung auf die recht kurze Traversale ein.

So wird's gemacht

- Als Markierungspunkte stellen Sie auf der Mittellinie vier Pylonen im Abstand von acht bis zehn Schritten auf.

- Auf der kurzen Bahnseite biegen Sie etwa vier bis fünf Schritte hinter C ab.

- Reiten Sie nun linksherum in vier bis fünf Schritten Abstand eine Volte um Pylon 1.

- Aus dem Ende der Volte gehen Sie in eine Traversale nach links über.

- Zum Geradestellen des Pferdes beenden Sie rechtzeitig die Traversale, um im entsprechenden Abstand Pylon 2 in einer Volte rechtsherum zu umrunden.

- In gleicher Weise verfahren Sie bei Pylon 3 linksherum und bei Pylon 4 rechtsherum.

- Zur Belohnung lassen Sie nun Ihr Pferd rechtsherum eine Bahnrunde am hingegebenen Zügel im Schritt gehen.

- Vor Erreichen der kurzen Seite sind die Zügel wieder aufzunehmen. Hinter dem Bahnpunkt A beginnen Sie nun mit einer Volte rechtsherum mit einer Wiederholung der Übung.

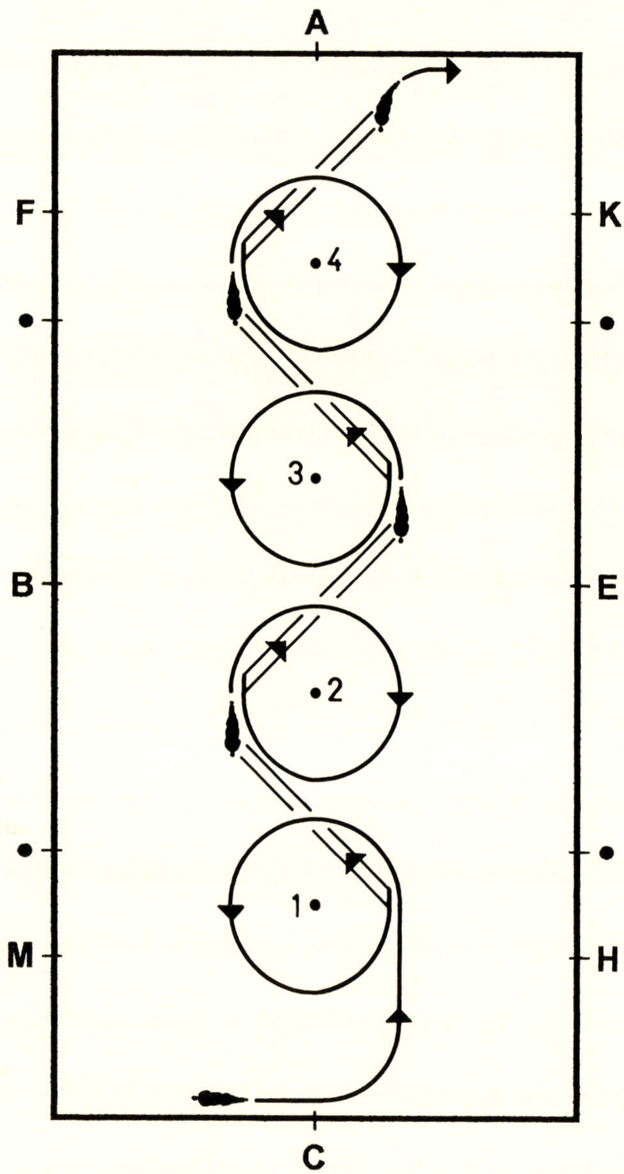

Übung 16
Volten im Schulterherein

Tipps zur Hilfengebung

- Drehen Sie Ihren Oberkörper nach innen, das heißt, bei Linksvolten nach links, ohne die innere Schulter fallen zu lassen.

- Der innere Zügel liegt über dem Widerrist. Die äußere Zügelhand wird eine Handbreit tiefer mit dem erforderlichen Druck gegen den Widerrist gelegt, um ein seitliches Ausbrechen der Vorderbeine nach außen zu verhindern.

- Achtung, für die Volten im Schulterherein ändern sich die Schenkelhilfen. Der innere treibende Schenkel liegt hier am Gurt, der äußere eine Handbreit hinter dem Gurt.

- Beim Geradeausreiten zwischen den Volten bleiben Sie im Schulterherein. Ihr Gewicht verlagern Sie leicht nach außen.

Schwierigkeitsgrad

im Schritt: *mittelschwer*
im Trab/Galopp: *schwer*

Mein Kurztipp

Die positiven Auswirkungen von Volten auf das Pferd sind genügend erklärt, die noch stärkeren des Schulterhereins ebenfalls.
Eine Volte im Schulterherein fordert vom Pferd aber wesentlich mehr und verstärkt somit die Gymnastizierung sowie das Nervenkostüm des Pferdes.

Erläuterungen

- Eine Übungsstunde ohne Volten ist wie eine Suppe ohne Salz. So begann das Loblied auf die Volte zur ersten Voltenübung. Den Pfeffer zur zitierten Suppe liefern aber die Seitengänge. Sie bringen Abwechslung und fördern die Gesundheit für Körper und Psyche des Pferdes in besonderem Maße. Andererseits erfordern sie schon einiges an Können vom Reitenden, das sich aber mit etwas Fleiß jeder aneignen kann.

- Zu den Hilfengebungen muss noch etwas erklärt werden. Zum wesentlich leichteren Erlernen des Schulterhereins und noch eine längere Zeit hiernach ist unter anderem der innere treibende Schenkel eine Handbreit hinter dem Gurt anzulegen. Der äußere hingegen hat dann am Gurt seinen Platz (siehe hierzu „Die neue Freizeitreiter-Akademie“). Als Ausnahme wird bei Volten im Schulterherein umgekehrt, also wie hier in den Tipps zur Hilfengebung beschrieben, verfahren.

Wenn Sie wollen, dass der große Reitmeister de la Guérinière Sie hätte loben können, dann reiten Sie vier Volten um hintereinander auf der Mittellinie aufgestellte Pylonen korrekt im Schulterherein.

So wird's gemacht

- Als Markierungspunkte stellen Sie auf der Mittellinie vier Pylonen im Abstand von acht bis zehn Schritten auf.
- Auf der kurzen Bahnseite sollte Ihr Pferd noch vor C, der Mitte der kurzen Seite, bereits in leichte Schulterhereinstellung gebracht werden.
- Etwa vier bis fünf Schritte hinter C biegen Sie linksherum ab.
- Dann reiten Sie linksherum in einer Schrägstellung von 30 bis max. 40° um Pylon 1 eine Volte im Schulterherein.
- Nach der Volte reiten Sie, weiter im Schulterherein bleibend und im entsprechenden Abstand parallel zur Mittellinie, zu Pylon 2. Dort geht's in die nächste Schulterherein-Volte um Pylon 2.
- Ebenso verfahren Sie bei den Pylonen 3 und 4.
- Weiterhin im Schulterherein bleibend, reiten Sie nun in einem sanften Bogen zur kurzen Bahnseite, einige Schritte an A vorbei weit in die Ecke gehend nach F.
- Aus dem Schulterherein in eine Traversale übergehend, wechseln Sie diagonal durch die ganze Bahn nach H.
- Nun beenden Sie die Übung mit einer Belohnung und lassen Ihr Pferd eine Bahnrunde am hingegebenen Zügel im Schritt gehen.

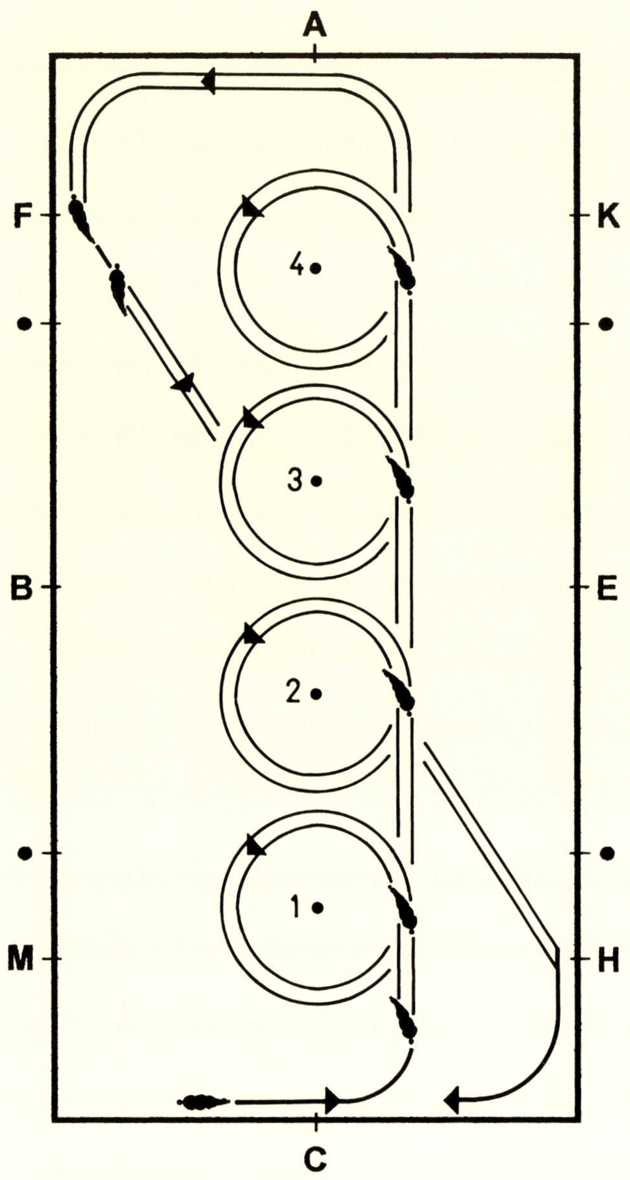

- Vor dem Bahnpunkt C nehmen Sie die Zügel wieder auf. In einer leichten Schulterherein-Stellung geht's noch vier bis fünf Schritte weiter geradeaus. Nun biegen Sie nach rechts ab, um mit der gleichen Übung rechtsherum zu beginnen.

Übung 17
Volten im Travers

Tipps zur Hilfengebung

▸ Passen Sie beim Travers Ihre Schultern an die Schrägstellung der Schultern des Pferdes durch Zurücknehmen der inneren Schulter an.

▸ Die innere Zügelhand liegt seitlich am Widerrist. Sie hilft mit, die gewünschte Schrägstellung des Pferdes zu kontrollieren.

▸ Achtung! Ziehen Sie nie am äußeren Zügel, um das Pferd in Traversstellung zu halten. Sie würden lediglich den Kopf nach außen ziehen und die Traversstellung beenden.

▸ Die Hilfengebungen lassen sich bis ins kleinste Detail erklären. So auch die häufigsten Fehler hierbei und deren Folgen. Was nicht gesagt werden kann, ist die jeweilig erforderliche Intensität der Hilfen. Diese hängt ja von der Mentalität des jeweiligen Pferdes sowie von seinem Ausbildungsstand ab.

▸ Hier ein Beispiel: So geht ein Pferd, obwohl Sie alle erforderlichen Hilfen für die Traversale korrekt beachten, dennoch nicht wie gewollt in einer diagonalen Linie vorwärts/seitwärts. Es kann Ihnen passieren, dass es vielmehr nur seitwärts tretend in Richtung Hufschlag hastet. Obgleich Sie hierauf sofort die übliche treibende Schenkelhilfe einstellen, eilt das Pferd unbeirrt seitwärts weiter. Hier hilft nur noch entgegen der Regel ein Abbremsen mit dem inneren Schenkel.

▸ Bei solch einem Pferd genügt als Hilfe eine lediglich leichte Gewichtsverlagerung in die Bewegungsrichtung bzw. ein Belasten des inneren Steigbügels, der so genannte Bügeltritt. Ähnlich kann es Ihnen mit solch einem Pferd beim Travers ergehen. Hingegen kann es passieren, dass ein Pferd mit anderer Mentalität bei Hilfen in normaler Intensität zu keinem Seitwärtsschritt zu bewegen ist.

Erläuterungen

▸ Bleibt ein Pferd in einer Traverslektion plötzlich stehen und will auch nach energischster Aufforderung sich nicht mehr seitwärts bewegen lassen, ja eher zum Steigen ansetzen, sollten Sie sich auf keinen Fall durchsetzen wollen. Bleiben Sie einfach mit hingegebenen Zügeln einen kurzen Augenblick stehen. Danach nehmen Sie die Zügel wieder auf und gehen im Travers weiter, als sei nichts geschehen. Das Pferd wird es genauso sehen.

Schwierigkeitsgrad

im Schritt: *mittelschwer*
im Trab und Galopp: *schwer*

Mein Kurztipp

Volten in Seitengängen haben ihre Eigenarten und stellen unterschiedliche Anforderungen.
Bei der Volte im Schulterherein ist der Kopf des Pferdes nach innen gerichtet. Hingegen verhält es sich bei der im Travers umgekehrt.
Zu keinem Zeitpunkt dürfen bei den Volten die Hinterbeine auf der Stelle treten.

Volten kann man in jedem Seitengang um Pylonen reiten, so auch wie hier im Travers. Natürlich sollten die Seitengänge, bis sie exakt klappen, auf dem Hufschlag geübt werden.

▸ Gibt hingegen ein Pferd, auf der Diagonalen gehend, die Traversalstellung auf, so gehen Sie auf einer parallelen Linie zur Bahnlänge einige Schritte geradeaus und beginnen erneut diagonal gehend mit der Traversale. Dies können Sie mehrfach wiederholen. Es wird nicht lange dauern, und Ihr Pferd geht die schönsten Traversalen, dann auch im Trab und später im Galopp.

So wird's gemacht

▸ Als Markierungspunkte stellen Sie auf der Mittellinie vier Pylonen im Abstand von acht bis zehn Schritten auf.

▸ Auf der kurzen Bahnseite biegen Sie etwa vier bis fünf Schritte hinter C linksherum ab.

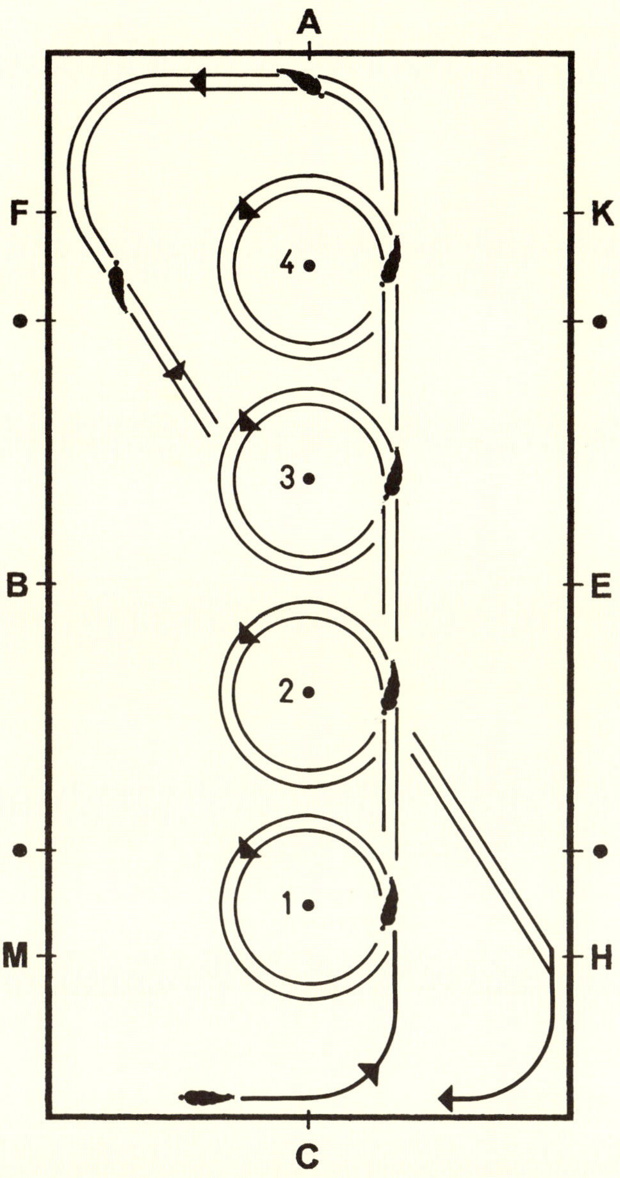

- Sie reiten linksherum mit der zum Pylon 1 gerichteten Kruppe eine Volte im Travers. Die Schrägstellung im Travers soll etwa 30° bis max. 40° betragen.

- Danach geht's, im Travers bleibend und im entsprechenden Abstand parallel zur Mittellinie, zu Pylon 2. Dort reiten Sie die nächste Travers-Volte.

- Ebenso verfahren Sie bei den Pylonen 3 und 4.

- Weiterhin im Travers bleibend, reiten Sie nun in einem sanften Bogen zur kurzen Bahnseite einige Schritte an A vorbei und weiter, in einer sanften Rundung bleibend, also nicht in die Ecke gehend, nach F.

- In eine Traversale übergehend, wechseln Sie diagonal durch die ganze Bahn nach H.

- Zur Erholung Ihres Pferdes lassen Sie es am hingegebenen Zügel sich streckend bis F gehen.

- Am Punkt F nehmen Sie die Zügel wieder auf.

- Nach vier bis fünf Schritten hinter A biegen Sie nach rechts ab, um mit der gleichen Übung rechtsherum zu beginnen.

Übung 18
Volten im Schulterherein mit Zick-Zack-Traversalen

Schwierigkeitsgrad

im Schritt/Trab: *mittelschwer*
im Galopp: *schwer*

Mein Kurztipp

Ziehen Sie nie am inneren Zügel, um das Pferd in Schulterherein-Stellung zu halten. Sie würden lediglich seinen Kopf nach innen ziehen, eine Schulterherein-Stellung jedoch so nicht erreichen.

Volten im Schulterherein zu reiten, eingefügt in eine Zick-Zack-Traversale, lässt Langeweile nicht aufkommen.

Tipps zur Hilfengebung

▸ Das Pferd muss zwischen den Richtungswechseln in zwei bis drei Schritten gerade gestellt sein, bevor es in die entgegengesetzte Richtung gebogen werden darf.

▸ Drehen Sie Ihren Oberkörper in die Schulterherein-Stellung des Pferdes. Die äußere Zügelhand liegt seitlich am Widerrist. Sie hilft mit, die gewünschte Schrägstellung des Pferdes zu kontrollieren.

▸ Achtung: Für die Volten im Schulterherein ändern sich die Schenkelhilfen. Der innere treibende Schenkel liegt hier am Gurt, der äußere eine Handbreit hinter dem Gurt.

Erläuterungen

▸ Bevor Sie mit dieser Übung vorerst im Schritt beginnen, sollten Sie die Zick-Zack-Traversale (Übung 14) im Schritt und Trab sicher beherrschen. Wie bereits zur Übung 14 bemerkt, erfordert die Zick-Zack-Traversale, bedingt durch die in kurzer Folge durchzuführenden Richtungsänderungen, schnelle Reaktionen. Zusätzlich müssen Sie Ihr Pferd auch noch zwischen den Richtungswechseln für einen Augenblick gerade stellen, bevor Sie es in die neue Richtung biegen. Dies ist eine unumstößliche Regel.

▸ Dementsprechend müssen die wechselnden Hilfengebungen schnell, präzise und anfangs besonders deutlich erfolgen. Dies erfordert von Ihnen und Ihrem Pferd eine erhebliche Konzentration. Kommen noch Volten und wie jetzt Volten im Schulterherein hinzu, werden Sie durch diese noch stärker gefordert.

▸ Gelingt es Ihnen, diese Übung im Galopp mit den erforderlichen fliegenden Wechseln mit Lockerheit und Leichtigkeit zu reiten, bietet dies ein besonders schönes Bild. Wer im wahrsten Sinne des Wortes Schritt für Schritt bei seinen Übungen vorgeht, kann aber auch diese Übung in einiger Zeit fehlerlos und mit Ausdruck durchführen.

So wird's gemacht

▸ Als Markierungspunkte stellen Sie auf der Mittellinie vier Pylonen im Abstand von acht bis zehn Schritten auf.

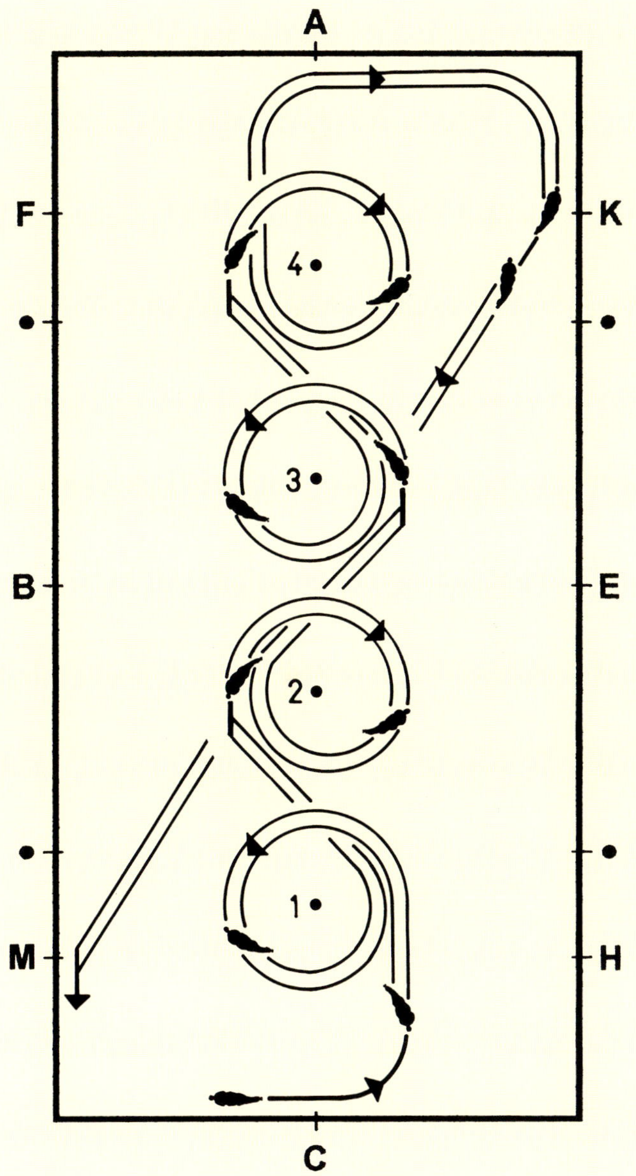

- Auf der kurzen Bahnseite bringen Sie Ihr Pferd noch vor C bereits in leichte Schulterherein-Stellung und biegen etwa vier bis fünf Schritte hinter C nach links ab.

- Dann reiten Sie linksherum in einer Schrägstellung von 30° bis max. 40° um Pylon 1 eine Volte im Schulterherein.

- Nach der Volte gehen Sie, ohne die Biegung des Pferdes ändern zu müssen, in eine kurze Traversale über.

- In Höhe von Pylon 2 geht's nach der Umstellung des Pferdes ins Schulterherein rechtsherum in die nächste Volte.

- Entsprechend verfahren Sie bei den Pylonen 3 und 4.

- Weiterhin im Schulterherein bleibend, reiten Sie nun in einem sanften Bogen zur kurzen Bahnseite einige Schritte an A vorbei und weit in die Ecke gehend nach K.

- Aus dem Schulterherein in bleibender Biegung in eine Traversale übergehend, wechseln Sie diagonal durch die ganze Bahn nach M.

- Nun beenden Sie die Übung mit einer Belohnung und lassen Ihr Pferd eine Bahnrunde am hingegebenen Zügel im Schritt gehen.

- Am Bahnpunkt C wieder angelangt, nehmen Sie die Zügel auf. In einer leichten Schulterherein-Stellung geht's noch vier bis fünf Schritte weiter geradeaus. Nun biegen Sie nach rechts ab, um die Übung noch einmal zu wiederholen.

Übung 19
Volten im Travers mit Zick-Zack-Traversale

Schwierigkeitsgrad

im Schritt/Trab: *mittelschwer*
im Galopp: *schwer*

Mein Kurztipp

Gelingt es, auch diese Übung im Galopp mit Lockerheit und Leichtigkeit zu reiten, ist der Beweis des gehobenen Fortschritts erbracht. Aber wie bei allem Reiten macht auch das Üben den Meister. Wer Schritt für Schritt bei seinen Übungen vorgeht, kann auch diese Übung bald fehlerlos und mit Ausdruck beherrschen.

Tipps zur Hilfengebung

- Bevor Sie mit dieser Übung zunächst im Schritt beginnen, sollten Sie die Zick-Zack-Traversale (Übung 14) im Schritt und Trab sicher beherrschen.

- Auch in dieser Übung haben Sie zwischen den Richtungswechseln nur wenig Zeit, das Pferd in zwei bis drei Schritten gerade zu stellen, bevor Sie es in die entgegengesetzte Richtung biegen können. Diese grundsätzliche Regel muss selbstverständlich auch hier befolgt werden.

- Sowohl die Hilfen zum Travers, als auch die für das korrekte Reiten der Volten und der Traversalen dürften Ihnen mittlerweile geläufig sein. Weitere Wiederholungen erübrigen sich hierdurch.

Erläuterungen

- Bevor Sie sich mit dieser Übung befassen, sollten Sie bereits solche geritten haben, in denen Volten im Wechsel mit Zick-Zack-Traversalen vorkommen. Diese Übungen erfordern in schneller Folge eindeutige, das heißt, für Ihr Pferd unmissverständliche Hilfen, die es dadurch auch sofort umsetzen kann.

- Kommen, wie in dieser Übung, nun noch Volten in einer speziellen Seitengangstellung hinzu, dann wird es noch schwieriger. Um auch diese Hürde zu nehmen, liegt, wie bei allem anspruchsvollen Reiten, die Lösung im systematischen Aufbau der Anforderungen an Pferd und Reiter. Gelingt Ihnen dann das Gewollte, wie hier zum Beispiel diese Übung, wird Sie dies mit Freude und Befriedigung erfüllen. Und manchmal kommt wohl auch ein stilles Staunen hinzu, dass Sie mit Ihrem Pferd so weit gekommen sind.

Eine interessante Kombination sind Volten im Travers in eine Zick-Zack-Traversale eingefügt. Im Galopp geritten, erhält diese Übung eine besondere Note.

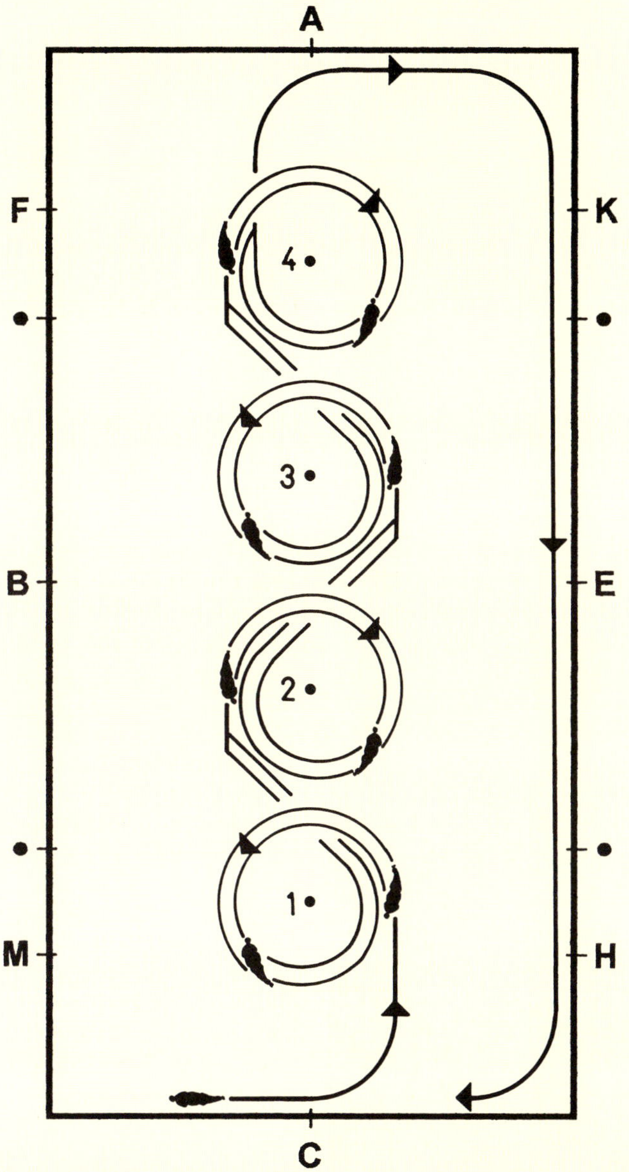

So wird's gemacht

- Als Markierungspunkte sind auf der Mittellinie vier Pylonen im Abstand von acht bis zehn Schritten aufzustellen.
- Auf der kurzen Bahnseite biegen Sie etwa vier bis fünf Schritte hinter C nach links ab.
- Reiten Sie nun linksherum im entsprechenden Abstand eine Volte in Traversstellung, also mit der Kruppe des Pferdes zum Pylon 1 gestellt.
- Aus dem Ende der Volte gehen Sie dann ohne einen Wechsel der Hilfen in eine kleine Traversale.
- Zum Geradestellen des Pferdes beenden Sie rechtzeitig die Traversale.
- Nach der Umstellung der Biegung geht's nun rechtsherum in einer Volte im Travers um Pylon 2.
- In gleicher Weise verfahren Sie bei Pylon 3 linksherum und bei Pylon 4 rechtsherum.
- Zur Belohnung lassen Sie nun Ihr Pferd rechtsherum eine Bahnrunde am hingegebenen Zügel im Schritt gehen.
- Vor Erreichen der kurzen Seite sind die Zügel wieder aufzunehmen. Hinter dem Bahnpunkt A beginnen Sie nun mit einer Volte im Travers rechtsherum mit der Wiederholung der Übung.

Übung 20

Mittelzirkel im Schulterherein mit Fortsetzung auf dem Hufschlag

Schwierigkeitsgrad

im Schritt/Trab: *mittelschwer*
im Galopp: *schwer*

Mein Kurztipp

Der große Reitmeister de la Guérinière machte um 1730 sein Schulterherein bekannt. Seither gilt es als der wichtigste aller Seitengänge. Auch sein psychologisch positiv einwirkender Wert ist von Bedeutung. Die Lektion Schulterherein darf daher in keiner Reitstunde, mit Ausnahme für noch zu junge Pferde, fehlen.

Tipps zur Hilfengebung

- Auf der gedachten Zirkellinie drehen Sie Ihren Körper entsprechend der von Ihnen gewünschten Schrägstellung (ca. 30°) zum Schulterherein. Achten Sie darauf, dass Ihr Oberkörper nicht nach innen fällt, sondern stets senkrecht bleibt. Der innere, über dem Widerrist gehaltene Zügel wird zur seitlichen Innenstellung des Halses leicht verkürzt.

- Versuchen Sie aber nie, mit dem inneren Zügel die Schulter des Pferdes nach innen zu ziehen. Das Pferd wird seinen Hals nach innen klappen, bis es mit dem Maul Ihren Schenkel berührt. Es wird aber auf keinen Fall sein Vorderbein auch nur eine Hufbreite nach innen stellen.

- Neben den anderen Hilfen sollten Sie die äußere, seitlich am Widerrist liegende Zügelhand mit so viel Druck, wie noch zur Abstellung der Schulter nach innen erforderlich ist, einsetzen.

- Der innere, am Gurt liegende Schenkel treibt. Der äußere Schenkel liegt verwahrend eine Handbreit hinter dem Gurt.

Erläuterungen

- Zum unbedingten Merken der nochmalige Hinweis: Die hier erklärte Art der Schenkelhaltung zum Schulterherein entspricht zwar der allgemein üblichen Art der Hilfengebung, die hier aber nur als Ausnahme gilt und nur für Volten sowie Zirkel im Schulterherein Anwendung findet.

Vom Mittelzirkel im Schulterherein kommend, geht's nun im gleichen Seitengang auf dem Hufschlag weiter. Eine gute Vorübung für den Schulterherein-Galopp.

- Beim sonstigen Reiten im Schulterherein liegt der innere treibende Schenkel hinter dem Gurt und der äußere verwahrend am Gurt. Diese Regel ist zum wesentlich leichteren Erlernen des Schulterhereins und einer längeren Zeit noch danach gedacht. Eine eingehende Begründung finden Sie im Buch „Die neue Freizeitreiter-Akademie“.

- Guérinière hielt das Schulterherein für so wichtig, dass es ein Pferd seine gesamte Ausbildungszeit zu begleiten hätte. Ich gehe noch weiter und meine, dass dieser Seitengang das Pferd während seiner gesamten lebenslangen Reitzeit zu begleiten hat. Daher muss das Schulterherein leicht erlernbar und vielseitig anwendbar sein.

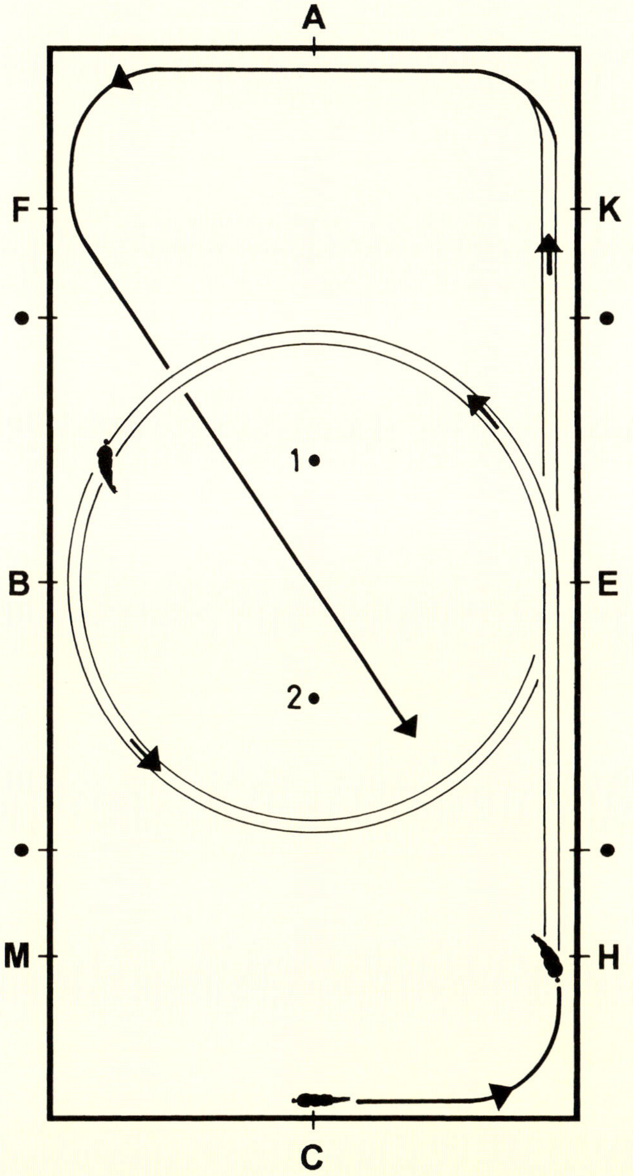

So wird's gemacht

- Als Markierungspunkte stellen Sie auf der Mittellinie rechts und links vom Bahnmittelpunkt X je einen Pylon im Abstand von jeweils fünf Schritten von X entfernt auf.

- Von der kurzen Seite bei C reiten Sie linksherum bis H und beginnen dort mit dem Schulterherein.

- Wenn Sie die Übung im Galopp reiten, beginnen Sie mit dem Schulterherein erst bei E.

- Bei E biegen Sie zu einem Mittelzirkel im Schulterherein ab.

- Sie passieren in einem Abstand von ca. fünf Schritten die Pylonen 1 und 2.

- Bei E wieder angelangt, reiten Sie eine weitere Runde auf dem Zirkel bis E.

- Wenn die Vorderbeine den Hufschlag gerade wieder verlassen, um zu einer dritten Runde anzusetzen, verlagern Sie Ihr Gewicht verstärkt nach außen und gehen nun auf dem Hufschlag im Schulterherein weiter.

- Am Ende der langen Bahnseite beenden Sie das Schulterherein und lassen Ihr Pferd am hingegebenen Zügel bei F durch die ganze Bahn wechseln.

- Bei A nehmen Sie die Zügel wieder auf und beginnen danach mit der Wiederholung dieser Übung rechtsherum.

Übung 21
Mittelzirkel im Travers

Schwierigkeitsgrad

im Schritt/Trab: *mittelschwer*
im Galopp: *schwer*

Mein Kurztipp

Guérinière zog den Renvers dem Travers vor. Nur auf dem Zirkel geritten fand dieser seine Gnade. Dennoch, ein in seitlicher Biegung leicht und locker gerittener Travers hat eine gute gymnastizierende Wirkung. Im Galopp korrekt geritten und in eine Übung eingefügt, bietet er zusätzlich noch ein schönes Bild.

Tipps zur Hilfengebung

▸ Auf einer gedachten Linie des Zirkels drehen Sie entsprechend der Schrägstellung des Pferdes (ca. 30° bis 40°) Ihren Körper so weit nach innen, dass Ihre Schultern parallel zu denen Ihres Pferdes stehen. Achten Sie unbedingt darauf, dass Sie nicht in der Hüfte nach außen abknicken und dabei womöglich den inneren Schenkel vom Pferd abspreizen. Der äußere, seitwärts treibende Schenkel soll eine Handbreit hinter dem Gurt liegen.

▸ Ihr Gewicht verlagern Sie nach innen, also in die Bewegungsrichtung. Ihre innere Zügelhand liegt seitlich am Widerrist. Mit entsprechendem Druck trägt sie neben den anderen Hilfen dazu bei, die gewünschte Schrägstellung des Pferdes zu erhalten. Den äußeren Zügel halten Sie über dem Widerrist.

▸ Achtung! Versuchen Sie auf keinen Fall, die Schrägstellung des Pferdes durch Ziehen am äußeren Zügel zu erreichen. Dies wird häufig versucht, gelingt aber nie. Lediglich der Kopf des Pferdes wird hierdurch nach außen gezogen. Damit wäre die Biegung des Pferdes nach innen, also in seine Bewegungsrichtung, aufgehoben. Mit dem Travers ist es dann aus.

Erläuterungen

▸ Bestimmte Überlegungen, die beachtet werden sollten, lassen den Travers relativ leicht erlernen. Nur bedarf es hierzu eines Umdenkens bezüglich der Anwendung verschiedener Regeln.

▸ Gemäß den üblichen Reitregeln ist beim Travers die Gewichtshilfe auf den äußeren Gesäßknochen zu verlagern. Hierdurch soll das äußere Hinterbein zum verstärkten Untertreten veranlasst werden. Durch die somit verstärkte Gewichtsbelastung des äußeren Beinpaares wird dieses aber beim erforderlichen Vorwärts-/Seitwärtstreten erheblich behindert anstatt entlastet.

▸ Als Folge der Gewichtsverlagerung nach außen ist auch häufig das bereits geschilderte Abknicken des Oberkörpers in der Hüfte nach außen mit allen seinen negativen Auswirkungen zu beobachten. Dies beklagten schon die Reitmeister früherer Jahrhunderte. Im Übrigen empfahlen sie für Seitengänge grundsätzlich

Aufmerksamkeit, Abwechslung sowie Gymnastizierung fürs Pferd erreicht man durch das Reiten von Seitengängen besonders auf dem Mittelzirkel, so wie hier im Travers.

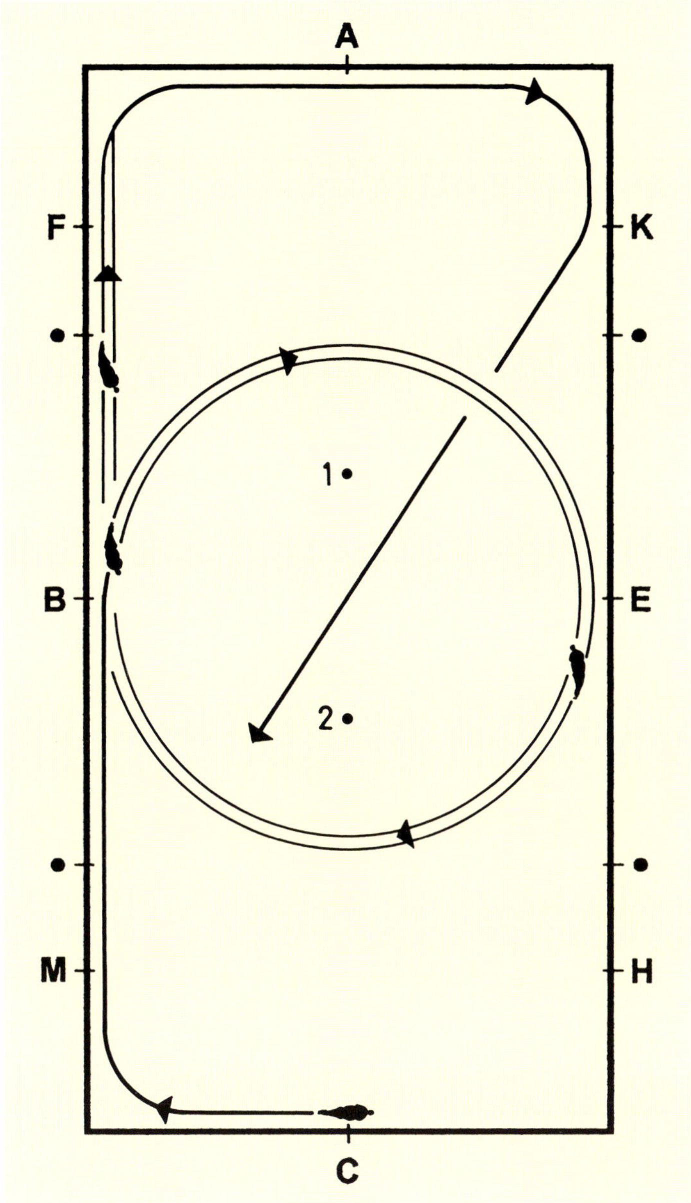

eine Schrägstellung des Pferdes von über 30° bis hin zu 45°. Diese ist im konventionellen Reiten nicht üblich.

▸ Bei einer verstärkten Schrägstellung des Pferdes bis zu 45° auch zum Travers muss das Pferd ohnehin mit seinem äußeren Hinterbein weiter untertreten. Nur so kann es gefahrlos über das innere Hinterbein kreuzen. So zieht das eine das andere nach. Eine logische Folge, ohne die praktisches Reiten nicht auskommt.

So wird's gemacht

▸ Als Markierungspunkte stellen Sie auf der Mittellinie rechts und links vom Bahnmittelpunkt X im Abstand von fünf Schritten je einen Pylon auf.

▸ Von der kurzen Seite bei C reiten Sie zunächst rechtsherum über M nach B.

▸ Bei B beginnen Sie mit einem Mittelzirkel im Travers. Die Kruppe des Pferdes zeigt hierbei zum Zirkelinneren.

▸ Beim Travers auf dem Mittelzirkel passieren Sie in jeweils etwa fünf Schritt Abstand die Pylonen 1 und 2.

▸ Bei B wieder angekommen, reiten Sie in gleicher Weise einen zweiten Zirkel im Travers.

▸ Ab B reiten Sie auf dem Hufschlag weiter im Travers bis zum Bahnende.

▸ Am Ende der langen Bahnseite beenden Sie den Travers und lassen Ihr Pferd am hingegebenen Zügel bei K durch die ganze Bahn nach M wechseln.

▸ Bei A nehmen Sie die Zügel wieder auf und beginnen danach mit der Wiederholung dieser Übung linksherum.

Übung 22
Mittelzirkel im Schulterherein mit Volte und Traversale

Schwierigkeitsgrad

im Schritt/Trab: *mittelschwer*
im Galopp: *schwer*

Mein Kurztipp

Viele wissen noch heute nicht, wie ungemein wichtig Schulterherein für jedes Pferd und jede Art des Reitens ist, so auch für die Lösung der Schultern des Pferdes. Das heißt, deren Beweglichkeit ist durch nichts besser zu erreichen als durch das Schulterherein. Sie ist der Schlüssel zum Gelingen der verschiedensten Lektionen.

Tipps zur Hilfengebung

▸ Wie bei allen anderen Übungen mit Schulterherein drehen Sie auch auf der gedachten Zirkellinie Ihren Körper entsprechend der von Ihnen gewünschten Schrägstellung (beim Zirkel ca. 30°) zum Schulterherein. Achten Sie auch hier darauf, dass Ihr Oberkörper nicht nach innen fällt, sondern stets senkrecht bleibt. Der innere, über dem Widerrist gehaltene Zügel wird leicht zur seitlichen Biegung des Halses verkürzt.

▸ Und zum „Einbrennen“ sei auch dies nochmals wiederholt: Versuchen Sie nie, mit dem inneren Zügel die Schulter des Pferdes nach innen zu ziehen. Das Pferd wird seinen Hals lediglich nach innen klappen bis es mit dem Maul Ihren inneren Schenkel berührt. Es wird hierdurch aber auf keinen Fall auch nur eine Hufbreite seine Vorderbeine nach innen stellen Ein vergebliches Bemühen, das lediglich zu Missstimmungen führt.

▸ Sie sollten dafür neben den anderen Hilfen die äußere, seitlich am Widerrist liegende Zügelhand mit so viel Druck einsetzen, wie zur gewünschten Abstellung der Schulter nach innen erforderlich ist. Der innere, am Gurt liegende Schenkel treibt vorwärtsseitwärts. Der äußere Schenkel liegt verwahrend eine Handbreit hinter dem Gurt.

Erläuterungen

▸ Das Schulterherein, so Guérinière, sei so wirksam, dass ein verrittenes Pferd binnen kurzer Zeit durch einen versierten Reiter mittels dieses Seitenganges korrigiert werden kann. Auch andere der alten Reitmeister berichteten, dass sie bei Schwierigkeiten des Pferdes in bestimmten Lektionen auf den vermehrten Gebrauch des Schulterhereins zurückgriffen.

Auf einen Mittelzirkel im Schulterherein, die anschließende Volte im gleichen Seitengang, und hieraus geht's in eine Traversale. Solche fließenden Übergänge bringen Harmonie ins Reiten.

Auf dem Zirkel reiten, und dies besonders im Schulterherein, gymnastiziert ungemein. Deutlich ist zu erkennen, wie das Pferd mit seinem inneren Hinterbein weit untertreten muss.

▸ Auch ich meine, dass es sich für jeden lohnt, gleich in welcher Art auch immer geritten wird, das Schulterherein zum festen Bestandteil seines Reitens zu machen. Wie oft habe ich auf dem Abreiteplatz eines Westernturniers hören müssen, da würde einer „englisch“ reiten. Und oft hörte ich danach: „Aber der gewinnt laufend.“ Man meinte mich, weil ich mein Pferd vor der anstehenden Meisterschaftsprüfung noch etwas im Schulterherein bewegte.

▸ Das Schulterherein auf dem Zirkel im Galopp geritten ist eine besonders wichtige Vorübung zum Galopp-Schulterherein auf gerader Strecke. Sie werden bei einem Versuch sehr schnell feststellen, wie schwierig es anfangs ist, das Pferd auf gerader Strecke im korrekten Schulterherein zu halten, ohne das es einen ungewollten Wechsel vornimmt. Hier hilft nur die Vorarbeit auf dem Zirkel.

So wird's gemacht

- Als Markierungspunkte stellen Sie auf der Mittellinie rechts und links vom Bahnmittelpunkt X je einen Pylon im Abstand von jeweils fünf Schritten von X entfernt auf.

- Von der kurzen Seite bei C reiten Sie linksherum bis H und beginnen dort mit dem Schulterherein.

- Wenn Sie die Übung im Galopp reiten, beginnen Sie mit dem Schulterherein erst Mitte der langen Seite, bei E.

- Bei E biegen Sie zu einem Mittelzirkel im Schulterherein ab.

- Hierbei gelangen Sie in einem Abstand von ca. fünf Schritten zu Pylon 1 und umrunden diesen in einer Volte im Schulterherein.

- Sie setzen das Schulterherein auf dem Mittelzirkel fort und umrunden nun Pylon 2 in einer eineinviertel Volte im Schulterherein.

- Aus der eineinviertel Volte herauskommend, gehen Sie im fließenden Übergang in eine Traversale, den Punkt X passierend, nach F.

- Mit hingegebenen Zügeln geht's nun über A, E, C und M nach B.

- Kurz vor B nehmen Sie die Zügel wieder auf und beginnen mit der gleichen Übung nunmehr rechtsherum.

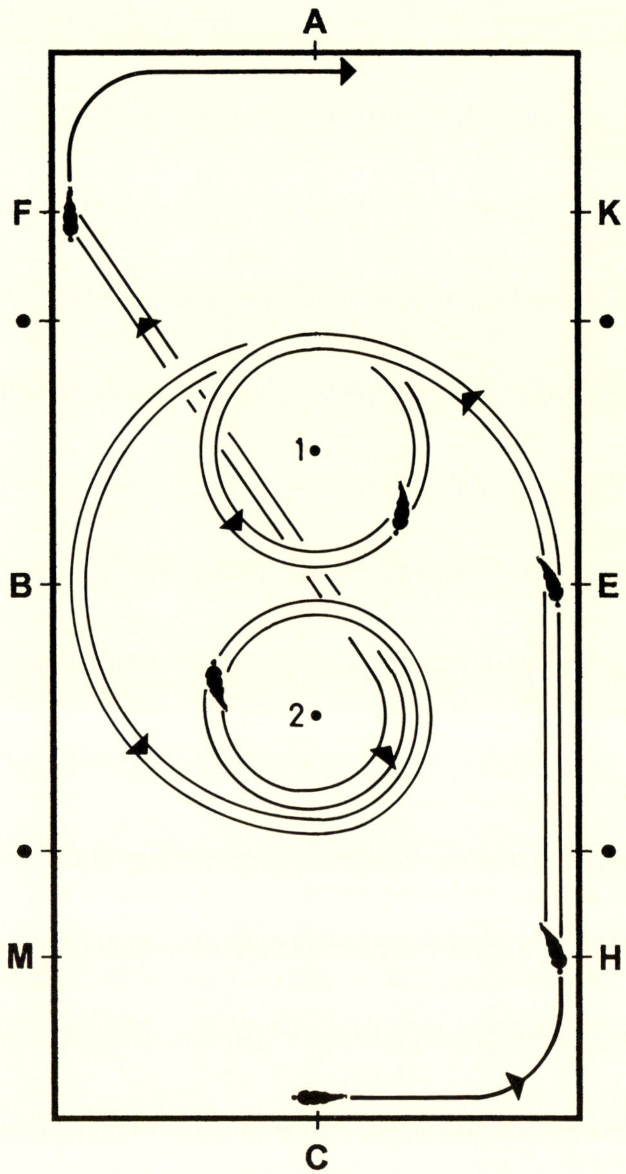

Übung 23
Mittelzirkel im Travers mit Volte und Traversale

Tipps zur Hilfengebung

▸ Nehmen Sie Ihre äußere Schulter zurück und die innere entsprechend vor. Stellen Sie Ihr Becken in die gleiche Richtung. So bringen Sie Ihr Pferd, mit der Kruppe nach außen zeigend, in die gewollte Schrägstellung zwischen 30° und 40° auf die gedachte Kreislinie des Mittelzirkels.

▸ Achten Sie wie immer beim Travers darauf, dass Sie nicht unbewusst in der Hüfte nach außen knicken und den inneren Schenkel vom Pferd abspreizen. Verlagern Sie vielmehr Ihr Gewicht nach innen, das heißt, in die Bewegungsrichtung. So veranlassen Sie das Pferd, ständig unter sein Gewicht treten zu wollen, wodurch es willig seitwärts gehen wird. Der äußere, seitwärts treibende Schenkel soll eine Handbreit hinter dem Gurt anliegen.

▸ Ihre innere Zügelhand liegt seitlich am Widerrist. Mit entsprechendem Druck soll sie neben den anderen Hilfen die gewünschte Schrägstellung des Pferdes signalisieren. Den äußeren Zügel halten Sie über dem Widerrist.

▸ Und nochmals der Hinweis: Versuchen Sie auf keinen Fall, die Schrägstellung des Pferdes durch nach außen Ziehen des äußeren Zügels zu erhalten oder zu erreichen. Dies wird häufig versucht, ist aber nie gelungen. Hierdurch wird lediglich der Kopf nach außen gezogen, und mit dem Travers ist es aus. Dies gilt genau so für die Traversale.

Schwierigkeitsgrad

im Schritt/Trab: *mittelschwer*
im Galopp: *schwer*

Mein Kurztipp

Travers auf dem Hufschlag geritten und somit gegen die Bahnbegrenzung gestellt, ist zum Erlernen unerlässlich. Auf Dauer kann es sicher stupide und freudlos werden. Auch Guérinière sah es so. Einfallsreicher hingegen ist es, diesen Seitengang in abwechslungsreiche Übungen einfließen zu lassen.

Erläuterungen

▸ Als Folge der Gewichtsverlagerung nach außen ist auch häufig das bereits geschilderte Abknicken des Oberkörpers in der Hüfte nach außen mit allen seinen negativen Auswirkungen zu beobachten. Dies beklagten schon die Reitmeister früherer Zeiten. Im Übrigen empfahlen sie für Seitengänge grundsätzlich eine Schrägstellung von über 30° bis hin zu 45°.

▸ Bei einer verstärkten Schrägstellung des Pferdes bis zu 45° auch zum Travers muss das Pferd mit seinem äußeren Hinterbein weiter untertreten. Nur so kann es gefahrlos über das innere Hinterbein kreuzen. So zieht das eine das andere nach. Eine logische Folge, ohne die praktisches Reiten nicht auskommt.

▸ Zu den eingangs kritischen Bemerkungen zum Travers, hier nun einige seiner positiven Eigenschaften, die ihn unver-

Im Traversgalopp auf einem Mittelzirkel mit anschließender Volte und Übergang in eine Traversale bringt Stimmung ins Reiten.

zichtbar machen. So ist zumindest sein Gymnastizierungswert gleich dem des Renvers. Ferner ist er durch die vorher erlangte Beweglichkeit der Schultern des Pferdes mittels des Schulterhereins leicht erlernbar. Er ist auch die Vorstufe zur Traversale sowie der Volltraversale und schließlich des Renvers.

So wird's gemacht

▸ Als Markierungspunkte stellen Sie auf der Mittellinie rechts und links von X je einen Pylon im Abstand von jeweils fünf Schritten von X entfernt auf.

▸ Von der kurzen Seite bei C reiten Sie rechtsherum über M nach B.

▸ Bei B beginnen mit einem Mittelzirkel im Travers. Die Kruppe des Pferdes zeigt hierbei zum Zirkelinneren.

▸ Mit etwa fünf Schritten Abstand umkreisen Sie Pylon 1 in einer Volte im Travers.

▸ Weiter auf dem Zirkel im Travers bleibend, umrunden Sie nun im Travers Pylon 2 in einer eineinviertel Volte im Travers.

▸ Aus der eineinviertel Volte herauskommend, gehen Sie im fließenden Übergang in eine Traversale, den Punkt X passierend, nach K.

▸ Mit hingegebenen Zügeln geht's nun über A, B, C und H nach E.

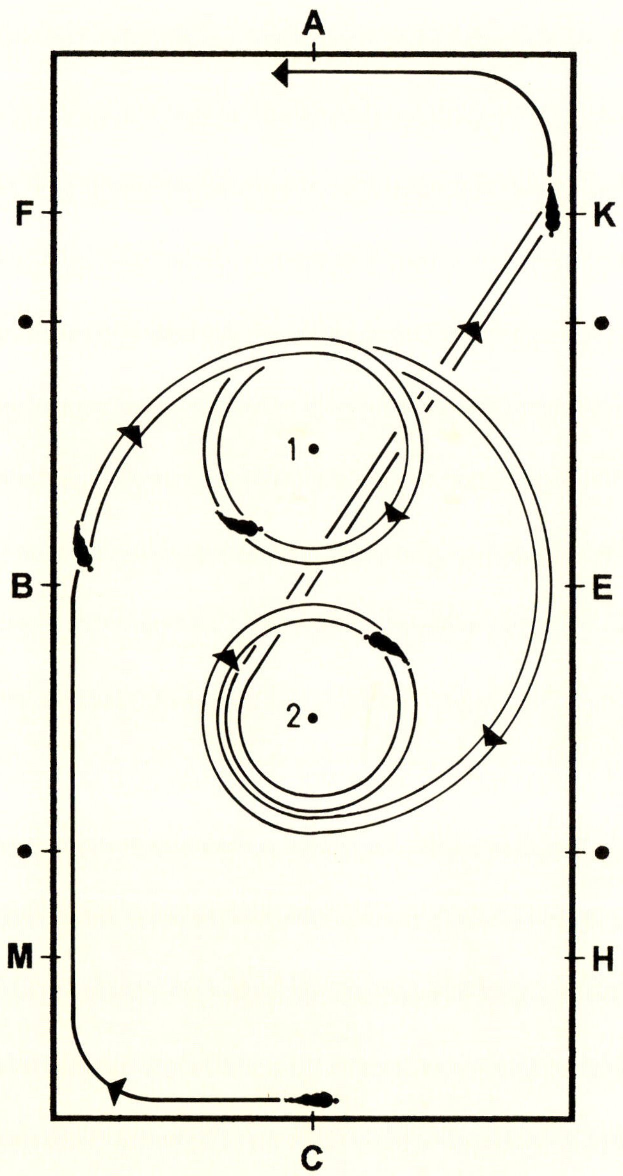

▸ Kurz vor E nehmen Sie die Zügel wieder auf und beginnen mit der gleichen Übung nunmehr linksherum.

Übung 24
Schulterherein mit Übergang in die Traversale

Tipps zur Hilfengebung

- Drehen Sie Ihren Oberkörper in die gewünschte Schulterherein-Stellung des Pferdes. Die äußere Zügelhand liegt seitlich am Widerrist. Sie hilft, die gewünschte Schrägstellung des Pferdes zu erhalten. Der innere Zügel, über dem Widerrist gehalten, wird so viel verkürzt, dass der Hals eine leichte seitliche Biegung erfährt.

- Und hier gleich die übliche Warnung: Versuchen Sie auf keinen Fall durch Ziehen am inneren Zügel, die Schulterherein-Stellung herzustellen bzw. zu erhalten. Das Pferd wird allenfalls seinen Hals nach hinten klappen, aber mit seinen vier Beinen auf dem Hufschlag verbleiben bzw. sich nicht aufhalten lassen, auf den Hufschlag zurückzukehren.

Schwierigkeitsgrad

im Schritt/Trab: *relativ leicht*

Mein Kurztipp

Im Schulterherein befindet sich bekanntlich die hohlgebogene Seite des Pferdes entgegengesetzt zu seiner Bewegungsrichtung. Dieser Umstand kann für einen fließenden Wechsel in eine andere Lektion gut genutzt werden, ohne dass eine Änderung der Biegung des Pferdes erforderlich wird.

Aus dem Schulterherein auf der kurzen Seite konnte die Schülerin eine schöne Biegung des Pferdes in die Traversale mitnehmen. Aber aufpassen: Da das Pferd sich nur ungern biegt, kann sie leicht verloren gehen.

▸ Der innere, eine Handbreit hinter dem Gurt liegende und seitlich treibende Schenkel verhindert gleichzeitig, dass die Hinterbeine den Hufschlag nach innen verlassen. Der äußere Schenkel liegt verwahrend am Gurt. Ihr Gewicht verlagern Sie nach außen, das heißt, in die Bewegungsrichtung.

▸ Zum Übergang in die Traversale müssen sowohl die Zügelhaltung und ihre Funktion als auch die der Schenkel gewechselt werden.

▸ Nun wird die innere Zügelhand seitlich und leicht verkürzt am Widerrist gehalten. Der äußere Zügel liegt jetzt über diesem. Der innere Schenkel liegt verwahrend am Gurt, während der äußere eine Handbreit hinter dem Gurt liegend seitwärts treibt.

Erläuterungen

▸ Beim Übergang vom Schulterherein in die Traversale müssen Sie besonders aufmerksam sein. Der Sinn, in dieser Kombination zu wechseln, liegt doch darin, dass Sie die wertvolle Biegung aus dem Schulterherein in die Traversale mitnehmen, was aber bei weitem nicht im Sinne des Pferdes liegt. Es wird vielmehr versuchen, durch Drehen des Kopfes nach außen sich schleunigst einer weiteren Biegung zu entziehen.

▸ Durch fleißiges Üben werden Sie mehr und mehr die Biegung in die Traversale herüberretten.

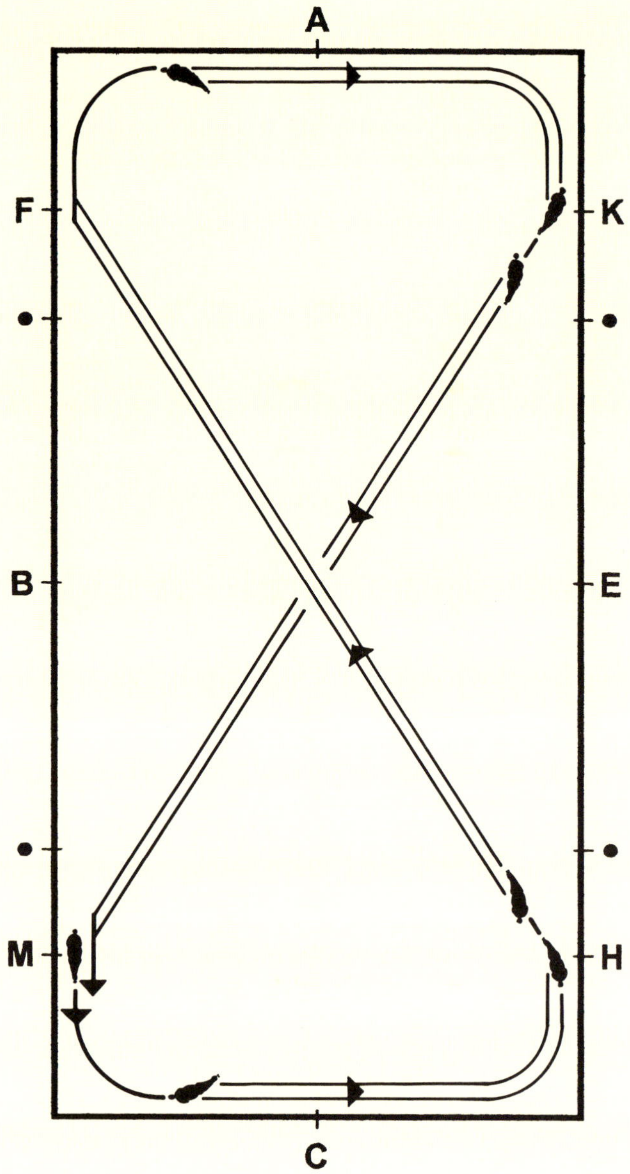

Je sensibler ein Pferd auf Hilfen reagiert, desto feiner sollen diese werden. Der Bügeltritt ist die feinste Schenkelhilfe. Wie hier gezeigt, muss der Bügel jedoch anfangs noch deutlich belastet werden.

Wieder sind Sie dann einen Schritt weiter zu noch mehr Harmonie zwischen Ihnen und Ihrem Pferd gekommen. Ihre Zufriedenheit wird wachsen, aber auch neue Anreize wecken.

▸ Im nachfolgenden Text werden Sie beim Übergang in die Traversale angehalten, zunächst zwei Schritte in die diagonale Richtung der Bahn ohne die Traversalstellung zu gehen. Dies halte ich für sehr wichtig. Es könnte Ihnen sonst passieren, dass Ihr Pferd, aus dem Schulterherein wechselnd, unerwünscht und fehlerhaft mehr und mehr mit seiner Kruppe führend in die Traversale geht, meistens ohne dass Sie etwas hiervon bemerken.

So wird's gemacht

▸ Von M linksherum kommend, beginnen Sie aus der Ecke zur kurzen Seite mit dem Schulterherein.

▸ Über C reiten Sie weiter im Schulterherein bis H.

▸ Bei H biegen Sie unter Beibehaltung der Biegung aus dem Schulterherein zwei Schritte diagonal in die Bahn.

▸ Nun drehen Sie Ihr Pferd, weiterhin unter Beibehaltung der Biegung aus dem Schulterherein, mit nur noch leichter Führung der Vorderbeine nahezu parallel zur Bahn gestellt, in eine Traversale nach F.

▸ Hinter F geht's nun rechtsherum aus der Ecke heraus wieder ins Schulterherein.

▸ Über die kurze Seite weiter im Schulterherein und bei K in eine Traversale, wie beschrieben, übergehend, wechseln Sie diagonal durch die ganze Bahn zum Punkt M.

▸ Nun beenden Sie die Übung mit einer Belohnung und lassen Ihr Pferd eine Bahnrunde am hingegebenen Zügel im Schritt gehen.

Übung 25
Der Weg zum Renvers

Schwierigkeitsgrad

im Schritt/Trab: *mittelschwer*
im Galopp: *schwer*

Mein Kurztipp

Geht es um den Renvers, muss wieder de la Guérinière angeführt werden. Er lobte den Renvers über alle Maßen. Croupe au mur, die Kruppe an der Mauer, das war's, was er befürwortete. Aber unterschätzen Sie ihn nicht, den Renvers. Er sieht schön und harmlos aus. Letzteres ist er bei weitem nicht.

Tipps zur Hilfengebung

- Locker und leicht, aber präzise sollen Ihre Hilfen sein. Dadurch, dass Ihr Pferd im Renvers mit der Kruppe zur Wand gerichtet gehen muss, hat das Pferd keine für sich brauchbare Anlehnung. Sie müssen also ständig auf der Hut sein, um zu verhindern, dass es sich vom Hufschlag entfernt. Dies kann Sie leicht zum „Dauerzug" an den Zügeln verleiten.

- So kann es zu Verkrampfungen bei Ihnen und dem Pferd kommen. Das würde das Aus bedeuten für Lockerheit und Leichtigkeit. Geben Sie daher auch hier dem Pferd eine Chance, indem Sie immer und immer wieder die Zügel leicht nachgeben und falls nötig sofort wieder annehmen. Es ist ein zupfendes Spielen mit den Zügeln, was gefragt ist. Bevor ein Schmerz auftreten kann, spürt das Pferd dann, dass es sich auch hier lohnt nachzugeben.

- Ihr ständiges, geduldiges Bemühen in dieser Richtung lohnt sich für beide. Sind Sie bei Übungen, die auch Renversreprisen enthalten, angelangt, so werden Ihnen auch die erforderlichen Hilfen geläufig sein. Die Hilfen für den Travers sind identisch mit denen für den Renvers.

- Achten Sie auch beim Renvers darauf, dass Sie nicht unbewusst in der Hüfte nach außen abknicken und den inneren Schenkel vom Pferd abspreizen. Verlagern Sie vielmehr Ihr Gewicht nach innen, das heißt, in die Bewegungsrichtung. So veranlassen Sie das Pferd, ständig unter sein Gewicht treten zu wollen, wodurch es willig seitwärts gehen wird.

- Und nochmals der Hinweis: Versuchen Sie auf keinen Fall, die Schrägstellung des Pferdes durch nach außen Ziehen des äußeren Zügels zu erhalten oder zu erreichen. Hierdurch wird lediglich der Kopf nach außen gezogen.

Erläuterungen

- Bevor Sie mit dem Renvers beginnen, sollten Sie die anderen Seitengänge und die dazu erforderlichen Hilfen mit Lockerheit und Leichtigkeit beherrschen. Vor allem ist ein gewisser Grad an Biegung des Pferdes Voraussetzung für das

Nur mit schön gebogener Haltung des Pferdes wirkt der wohl schwierigste Seitengang, der Renvers. Aber der Weg zum Renvers ist dornenreich. Hier hilft nur eine solide Vorbereitung und üben, üben, üben …

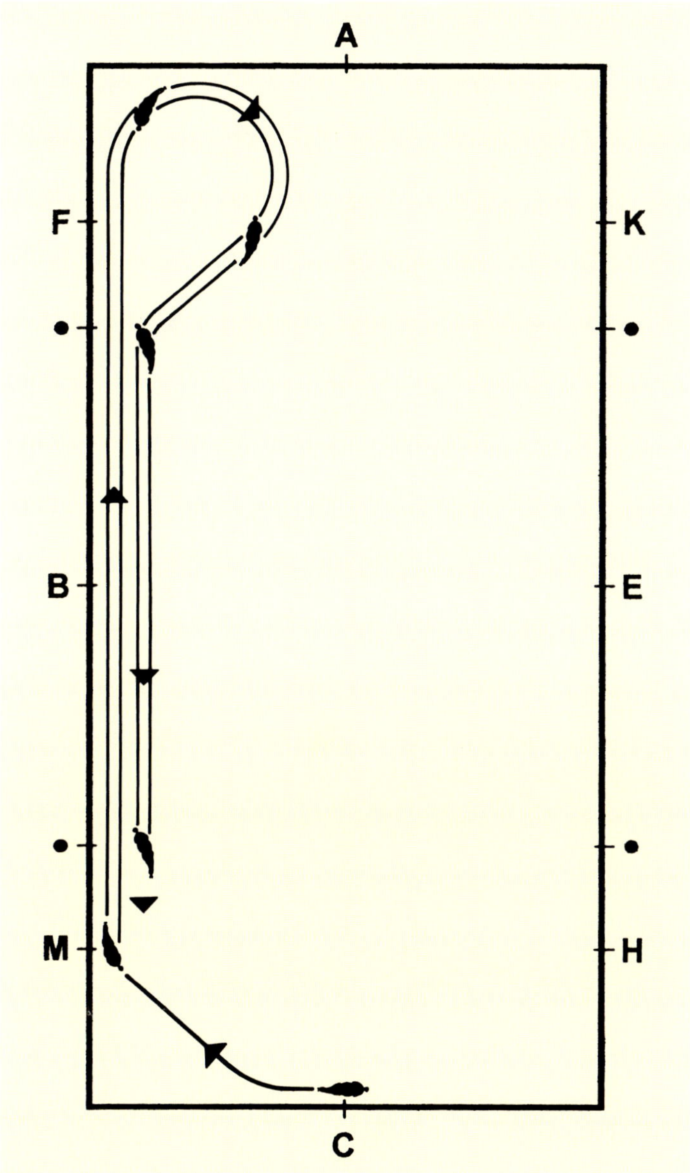

Erlernen des Renvers. Dass de la Guérinière dem Renvers den Vorzug gegenüber dem Travers gab, war aus seiner Sicht verständlich. Probleme mit dem Erlernen gab es nicht. Man nahm sich Zeit, und man hatte Zeit.

▸ Das Erlernen des Renvers erfordert, wie bei vielen anderen Elementen des Reitens, vorbereitende Überlegungen. Besonders zum Renvers sind sinnvoll zusammengestellte Vorübungen unerlässlich. So erleichtern Übergänge aus dem Schulterherein, dem Travers sowie aus der Traversale die Biegung des Pferdes in die Bewegungsrichtung. Besser gesagt, sie bringen diese Biegung in den Renvers mit ein.

So wird's gemacht

▸ Von der kurzen Seite bei C rechtsherum kommend, schneiden Sie die Ecke zur langen Seite in einer Schrägstellung von 40° bis 45° ab und gehen im Travers die lange Bahnseite hinunter bis nach F.

▸ Bei F gehen Sie in eine halbe Traversvolte.

▸ Aus der halben Volte im Travers geht's weiter in eine kurze Traversale zum Zirkelpunkt.

▸ Kurz vor Erreichen des Zirkelpunktes verhindern Sie, dass die Vorderbeine auf den Hufschlag gelangen.

▸ Mit den Hinterbeinen führend, treffen Sie nun auf den Hufschlag am Zirkelpunkt.

▸ Unter Beibehaltung der am Anfang dieser Übung vorgenommenen Biegung gehen Sie nun im Renvers bis zum Ende der langen Seite.

▸ Bevor Sie diese Übung rechtsherum starten, gönnen Sie Ihrem Pferd etwas Streckung am hingegebenen Zügel.

Übung 26
Wechsel von Seitengängen

Schwierigkeitsgrad

im Schritt/Trab: *mittelschwer*
im Galopp: *schwer*

Mein Kurztipp

Das Kombinieren von Seitengängen gehört in das Programm der Feinabstimmung zwischen Mensch und Pferd. Fließende Übergänge müssen geübt werden. Es ist ein leises Schaffen, dieses Reiten, das den jeweiligen Grad der Verständigung anzeigt. Sind die Seitengänge erlernt, so kann mit dieser Feinarbeit begonnen werden.

Vom Zirkel im Schulterherein geritten, wird in den zweiten Zirkel zum Renvers gewechselt. Gerade tangiert die Schülerin auf dem Zirkel den Hufschlag. Noch unter Anleitung wird nur im Trab geritten, aber schon jetzt geht das Pferd diesen recht schwierigen Seitengang in schön gebogener Haltung.

Tipps zur Hilfengebung

- Bei dieser Übung bleibt etwas beim Pferd ständig gleich: Ob es links- oder rechtsherum geht, ob im Schulterherein, im Renvers, oder in der Traversale, es geht ständig in gleicher Biegung.

- Besonderes gefordert werden Sie beim Übergang vom Schulterherein-Zirkel linksherum in den Renvers-Zirkel rechtsherum. Zunächst sinkt die innere (linke) Zügelhand flott nach unten, seitlich an den Widerrist, während der äußere Zügel nun oben, das heißt, über dem Widerrist, platziert wird.

- Der innere Schenkel hört auf zu treiben und wandert drucklos an den Gurt, während der äußere etwa eine Handbreit hinter dem Gurt zum Treiben eingesetzt wird.

- Während Zügel und Schenkelhilfen umgestellt werden, muss dies gleichzeitig auch mit dem Pferd geschehen, und zwar vom Zirkel linksherum auf den nächsten Zirkel rechtsherum. Der Kopf des Pferdes zeigt zum Renvers wieder in den Zirkel.

- Zum Wechsel der Zirkel muss das Pferd beim Bahnpunkt X gedreht werden. Bevor Ihnen dies jedoch mit spielerischer Nonchalance gelingt, wobei folglich kaum einer merkt, ob oder was Sie da dem Pferd gesagt haben, müssen Sie allerdings noch etwas üben. Hierzu ist anfangs Ihr ganzer Körpereinsatz gefragt.

- Neben den angesprochenen Zügel- und Schenkelhilfen müssen Sie Ihren Oberkörper und vor allem das Becken intensiv von innen nach außen drehen, das heißt, hier von links nach rechts. Ihr äußerer (rechter) Schenkel hilft durch entsprechenden Druck mit, das Pferd zu drehen.

- Nun haben Sie praktisch alles geändert, nur nicht, wie gesagt, die Biegungsrichtung des Pferdes. Daher dürfen Sie nicht vergessen, diese Übung auch andersherum, also mit einem Schulterherein-Zirkel rechtsherum, zu beginnen.

Erläuterungen

- Pferde, die bei den Übungen völlig übereilt für ein reichliches Durcheinander sorgen, reagieren ähnlich wie Menschen, die sich überfordert fühlen. Sehen wir die üblichen Hilfengebungen als Sprache zur Verständigung an, dann sollten Sie es

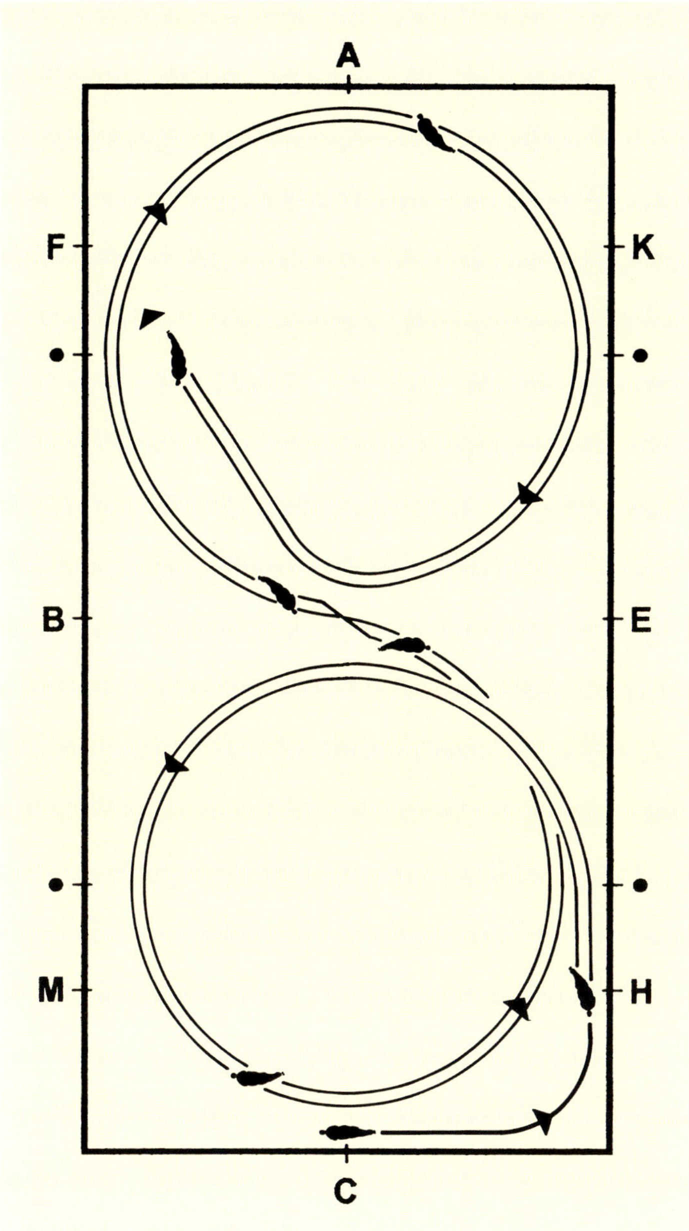

mit Flüstern versuchen. Nach einer gewissen Zeit werden Sie sich wundern, denn es wirkt wie ein Wunder.

- Rast ein Pferd bei Ihrem Versuch des fliegenden Galoppwechsels nach seinem Ge- oder Misslingen los, so waren Ihre Hilfen entweder zu intensiv, oder Ihr Pferd fühlt sich überfordert und braucht noch einiges an Vorarbeit. Ebenso verhält es sich beim Erlernen anderer etwas anspruchsvollerer Elemente.

So wird's gemacht

- Von der kurzen Seite bei C reiten Sie linksherum nach H.
- Bei H beginnen Sie mit Schulterherein und gehen am Zirkelpunkt linksherum auf den Zirkel. Der Kopf des Pferdes zeigt hierbei zum Zirkelinneren.
- Wieder bei H angekommen, bleiben Sie weiterhin im Schulterherein auf dem Zirkel bis zum Bahnpunkt X.
- Bei X drehen Sie unter Beibehaltung der Biegung aus dem Schulterherein das Pferd so weit herum, dass der Kopf des Pferdes auch nach dem Wechsel in den zweiten Zirkel rechtsherum weiterhin ins Innere des Zirkels zeigt.
- Hat alles geklappt, reiten Sie nun auf dem zweiten Zirkel im Renvers einmal rechtsherum.
- Bei X gehen Sie mit der Biegung aus dem Renvers und unter Beibehaltung der gleichen Hilfen in eine Traversale nach F über.
- Mit hingegebenen Zügeln entspannen Sie nun sich und Ihr Pferd.

Übung 27
Zirkel im Renvers mit Volte und Traversale

Schwierigkeitsgrad

im Schritt: *mittelschwer*
im Trab/Galopp: *schwer*

Mein Kurztipp

Viele, die nie mehr als geradeaus zu reiten gedachten, verspüren schließlich Lust, anspruchsvoller zu reiten. Warum auch nicht, macht es doch Spaß, nicht geglaubte Fähigkeiten zu nutzen und so auch die spektakuläre halbe und danach die volle Galopp-Pirouette zu erlernen. Als Vorbereitung zu letzterer dient der Renvers.

Ein Zirkel im Renvers, eine Volte im Anschluss und eine Traversale zum Abschluss – eine anspruchsvolle Übung!

Tipps zur Hilfengebung

- Sicherlich haben Sie in den hier bereits beschriebenen Übungen zum Renvers bemerkt, dass dieser Seitengang den korrekten Einsatz Ihrer Hilfen im besonderen Maße erfordert. So liegt es in der Sache, Sie zum wiederholten Male an einiges, was vor allem Ihre Körperhaltung betrifft, zu erinnern.

- Verbiegen Sie nicht Ihre Wirbelsäule und starren Sie nicht nach unten. Halten Sie vielmehr den Kopf hoch und blicken Sie frisch und frei über die Längsachse des Pferdes hinweg in die Ferne. Nur vor Richtungsänderungen sollten Sie etwas voreilend in die neue Richtung blicken.

- Nehmen Sie Ihre innere Schulter so viel zurück, dass sie parallel zu der Ihres Pferdes steht, die innere Hüfte hingegen nehmen Sie etwas vor. Der Oberkörper bleibt senkrecht.

- Belasten Sie verstärkt den inneren Gesäßknochen, damit Ihr Körpergewicht in die Bewegungsrichtung verlagert wird. So entlasten Sie das äußere Beinpaar beim Vorwärts-/Seitwärtstreten. Auch bleiben Sie hierdurch nicht mit Ihrem Körper hinter der Bewegung des Pferdes zurück.

- Lassen Sie die Oberarme senkrecht herabhängen und spreizen Sie sie nicht wie Henkel vom Körper ab. Würden Sie die Arme nach vorne strecken, würde Ihr Brustkorb eingeengt, und Sie würden vornüber fallen.

- Den äußeren Zügel halten Sie so dicht wie möglich am Pferd, das heißt, über dem Widerrist. Der innere Zügel wird leicht verkürzt seitlich am Widerrist platziert.

- Wenn Sie sich beim Galoppieren stark konzentrieren, vergessen Sie nicht, regelmäßig weiter zu atmen, sonst verkrampfen Sie sich.

Erläuterungen

- Galoppzirkel und vor allem Volten im Renvers sind der Vorspann zur Pirouette. Es wird sicherlich ungewohnt für Sie sein, im Kontergalopp reiten zu müssen. Aber sollten Sie auch einmal Lust verspüren, fliegende Galoppwechsel in ver-

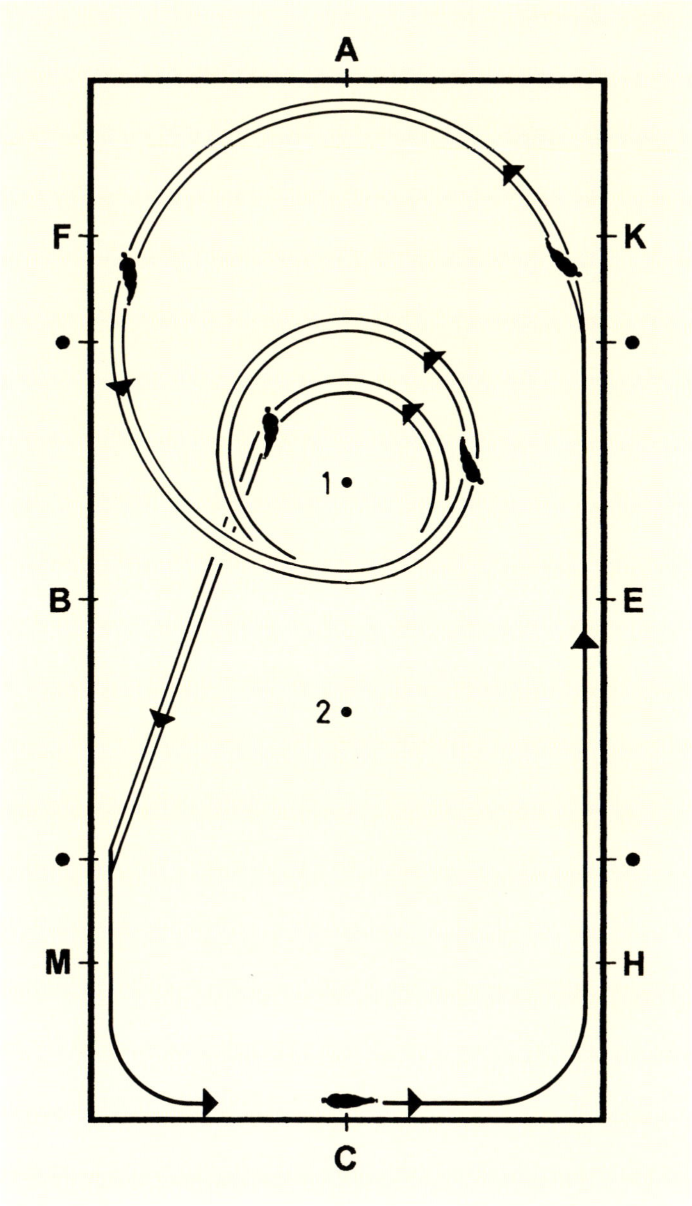

schiedenen Tempi zu reiten, wäre es ohnehin angebracht, vorher den Kontergalopp zu kennen.

- Diese zur Pirouette vorbereitende Übung ist für manchen sicherlich nicht einfach. Von Vorteil ist daher, dass Hilfen und Biegung des Pferdes ständig gleich bleibend sind.

So wird's gemacht

- Als Markierungspunkte stellen Sie auf der Mittellinie ca. fünf Schritt rechts und links vom Bahnmittelpunkt X je einen Pylonen auf.

- Von der kurzen Seite bei C kommend, gehen Sie linksherum nach H und galoppieren im Kontergalopp, also im Rechtsgalopp, die lange Seite bis zum Zirkelpunkt vor K.

- Weiterhin im Kontergalopp bleibend, beginnen Sie nun auf einem Zirkel linksherum mit dem Renvers.

- Bei X umrunden Sie, weiterhin im Renvers bleibend, Pylon 1 in einer größeren Volte.

- Wieder bei X angelangt, umrunden Sie nochmals den Pylon 1 im Renvers, jedoch nunmehr in einer etwas kleineren Volte.

- Nach Dreiviertel dieser Volte gehen Sie in eine Traversale in Richtung des Zirkelpunktes vor M über.

- Auf dem Hufschlag angelangt, beenden Sie nach einem Galoppwechsel diese Übung.

- Nun lassen Sie Ihr Pferd sich eine Bahnrunde am hingegebenen Zügel strecken, bevor Sie diese Übung rechtsherum beginnen.

Übung 28

Kehrtwendungen mit Hilfe der Bahnbegrenzung und im freien Raum

Schwierigkeitsgrad

im Schritt/Trab: *mittelschwer*
im Galopp: *schwer*

Mein Kurztipp

Es gibt zwei Arten von Wendungen um das innere Hinterbein: die aus der Bewegung heraus und solche aus dem Stand. Letztere ist im spanischen, im Western- und im Freizeitreiten gebräuchlich. Beide Arten haben jedoch gemeinsam, dass sich drei Beine des Pferdes um das jeweils innere Hinterbein bewegen müssen.

Eine 180°-Wendung um das innere Hinterbein nach links. Anfangs wird diese auf dem Hufschlag mit Hilfe der Bahnbegrenzung geübt. Gerade hebt das Pferd das rechte (äußere) Hinterbein. Kontrollierend blickt der Reiter für einen kurzen Augenblick nach unten.

Tipps zur Hilfengebung

- Es bedarf schon einiges Geschicks und einer konsequenten Beachtung der Hilfengebungen, um ein ungeübtes Pferd zu einer korrekten Wendung um das innere Hinterbein zu bewegen. Es wird anfangs, trotz Ihrer intensiven Bemühungen, sich die Wendung dennoch leichter machen und mit seinen Hinterbeinen entgegengesetzt zur Wendungsrichtung ausweichen. Nun haben Sie die ungewollte und berüchtigte Flaschendrehung. Was wurde hier falsch gemacht und was ist zu tun?

- Anfänglich begnügen Sie sich mit einer Wendung um 180° und verlagern diese Übung auf den Hufschlag. So hilft die Bahnbegrenzung, das Ausweichen des Pferdes nach außen zu verhindern. Zeigen Sie nach dem Anhalten dem noch unerfahrenen Pferd den Weg. Halten Sie hierzu den inneren Zügel ca. 30 cm vom Pferd seitlich abgespreizt und üben Sie einen in diese Richtung zeigenden Zug aus.

- Als Reaktion würde das Pferd nun, seinen Hals nach innen biegend, sich vom Hufschlag entfernen, um bei weiterem Zügelanzug wiederum in einer Flaschendrehung zu wenden. Dem entgegenwirkend, verkürzen Sie rechtzeitig den äußeren, seitlich am Widerrist mit Druck angelegten Zügel so viel, dass der Hals des Pferdes gerade gestellt bleibt. Beide Zügel werden, in ihrer beschriebenen Lage verbleibend, so viel verkürzt, dass das Pferd mit seinen Hinterbeinen lediglich auf der Stelle tritt.

- Zusätzlich drehen Sie Ihren senkrecht zu haltenden Oberkörper in die Bewegungsrichtung. Der äußere, treibende Schenkel liegt am Gurt. Der innere Schenkel hält hinter dem Gurt das Pferd mit seinen Hinterbeinen auf dem Hufschlag. Damit das Pferd sich nicht rückwärts verkriecht, kippen Sie falls erforderlich Ihr Becken nach hinten ab und geben die Zügel etwas nach.

- Beim Üben der 180°-Wendung im Galopp sollten Sie an die Schonung der Beine Ihres Pferdes denken. Vermeiden Sie daher harte Stopps aus dem Galopp. Gehen Sie lieber einige Meter vor der Wendung in den Trab, um dann aus diesem wieder in den Galopp zu gehen. Damit das Pferd sicher mit dem richtigen Bein anspringt, sollten Sie Ihre Galopphilfe bereits kurz vor Vollendung der Wendung geben.

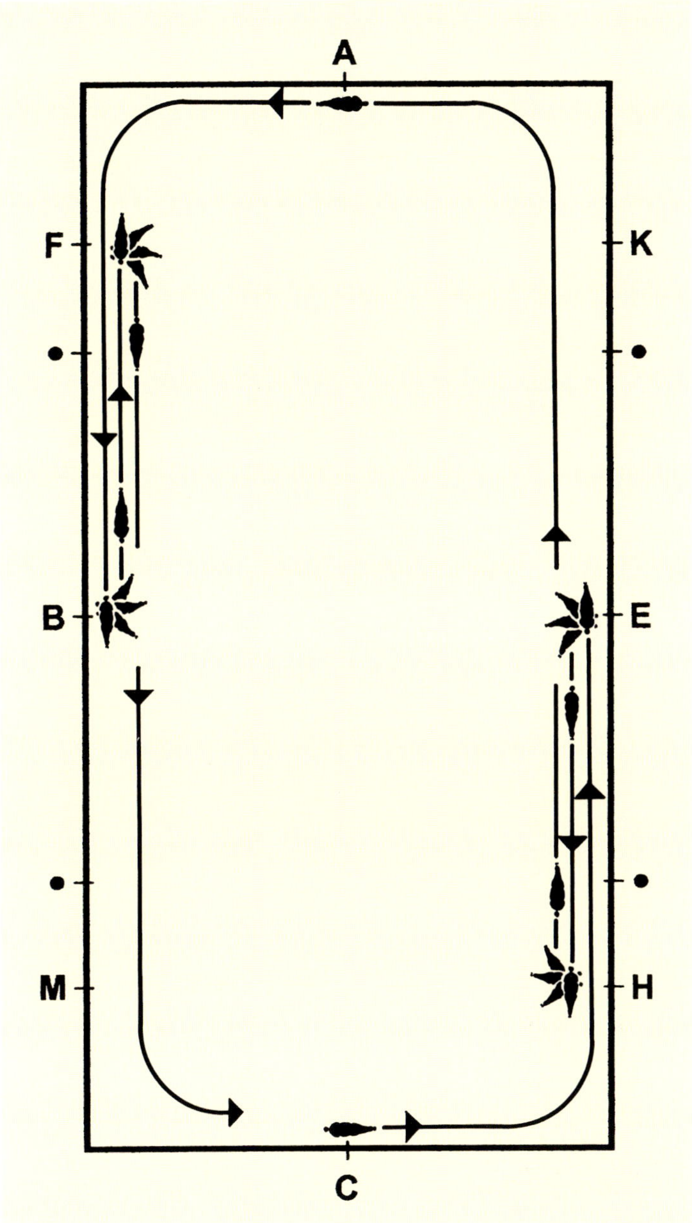

Erläuterungen

▸ Beherrschen Sie bereits die engen Wendungen sicher, so sollten Sie hier lediglich animiert werden, diese Übung öfter in Ihrem Programm zu praktizieren. Auch könnten Lehrende die Übung, so erklärt, als Anregung in ihr Lehrprogramm übernehmen.

▸ Haben Sie diese Übung noch nicht ausprobiert, so sollten Sie die Tipps zur Hilfengebung einige Male durchlesen. Nach mehrfachem praktischem Üben wird Ihnen alles klarer sein und geläufig werden.

▸ Nun können Sie sich auch vom Hufschlag trennen und diese Wendungen frei auf der Reitbahn üben. Nach einiger Zeit wird es dann nicht mehr erforderlich sein, den inneren Zügel zur Wendung seitlich abzuspreizen. Erst sehr viel später sollten Sie die ebenfalls in diesem Buch beschriebene 360°-Wendung um das innere Hinterbein in Ihr Übungsprogramm aufnehmen.

So wird's gemacht

▸ Von der kurzen Seite bei C kommend, gehen Sie linksherum auf dem Hufschlag bis zum Punkt E. Hierbei bereiten Sie sich auf die Wendung schon mit der entsprechenden Körperhaltung vor.

▸ Nach einem sehr kurzen Halt leiten Sie sofort die 180°-Wendung linksherum ein und gehen zurück nach H.

▸ Auf dem Wege nach H bereiten Sie sich wieder auf die Wendung, dieses Mal rechtsherum, vor.

▸ Anschließend gehen Sie weiter zur nächsten langen Bahnseite und wiederholen die Übung.

Übung 29
Die halbe Galopp-Pirouette aus der Traversale

Schwierigkeitsgrad

im Schritt: *mittelschwer*
im Galopp: *schwer*

Mein Kurztipp

Wie bereits erklärt, gibt es zwei grundsätzliche Arten von so genannten engen Wendungen: die aus dem Stand heraus und solche aus der Bewegung. Schritt- und Galopp-Pirouetten sowie die in einer 180°-Wendung gerittene Galopp-Halbpirouette werden grundsätzlich aus der Bewegung geritten.

Tipps zur Hilfengebung

- Zunächst sollte das Pferd die 180°-Wendung frei im Raum mittels der empfohlenen Hilfen korrekt aus dem Stand ausführen können. Weiterhin müssen Sie mit Ihrem Pferd die Traversale im Galopp beherrschen. Somit sind Ihnen die Hilfen geläufig, wodurch sich eine Erklärung dieser erübrigt. Nun kann mit der Halbpirouette im Galopp begonnen werden.

- Als eine besonders nützliche Hilfe zum Erlernen der Galopp-Halbpirouette bietet sich die Übung aus der Traversale an. So führt eine Traversale, die nahezu auf der Stelle fortgesetzt wird, zu der gewünschten Wendung in Form einer Halbpirouette. Anders gesagt führen Sie anstatt der gleichmäßigen Vorwärts-/Seitwärtsbewegung der Traversale eine nur noch minimale Vorwärtsbewegung und dafür eine umso stärkere Seitwärtsbewegung durch.

- So ergibt sich ein kleiner, von den Hinterbeinen des Pferdes im Galopptakt beschriebener Kreis, den Sie aber nach Erreichen der Hälfte des Kreisbogens abbrechen, um auf einer parallelen Linie in einer Traversale wieder zurückzureiten. Die 180°-Wendung als Halbpirouette aus der Bewegung mittels einer Traversale ist somit geschafft.

Erläuterungen

- Das Schwierigste an einer halben Galopp-Pirouette ist, den zu beschreibenden Halbkreis trotz seiner geringen Größe korrekt einzuhalten. Ferner müssen sich bekanntlich auch die Hinterbeine im Galopptakt springend bewegen. Wird nicht genug getrieben bzw. das Pferd zu viel festgehalten, so wird es mit seinen Hinterbeinen während der Drehbewegung stehen bleiben oder allenfalls auf der Stelle hüpfen – ein grober Fehler. Ein weiterer Fehler wäre, das Pferd nicht genügend zurückzuhalten, so dass es einen zu großen Wendekreis beschreibt.

- Und noch eine Schwierigkeit: Während träge Pferde, um ihren Speckverlust fürchtend, die Pirouette als Einschlafübung benutzen, wollen andere sich als Rennpferd auszeichnen. In beiden Fällen

Aus einer Traversale heraus wirkt die Galopp-Halbpirouette nicht nur schön, sie lässt sich vielmehr auch einfacher üben.

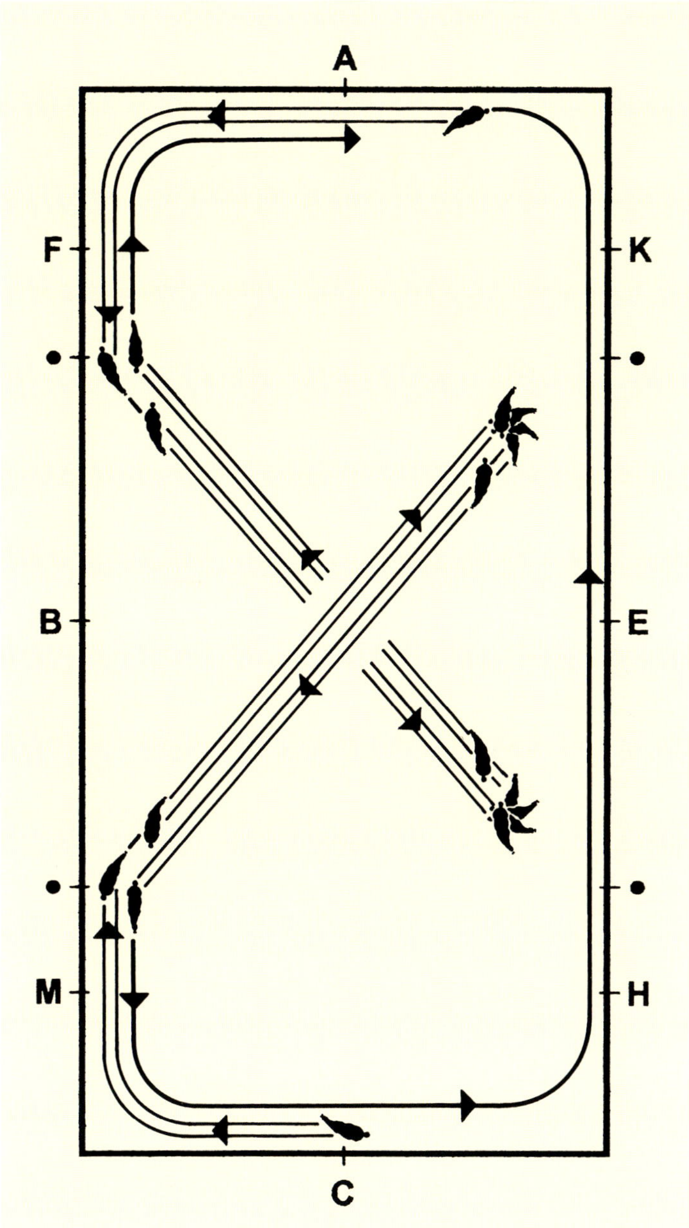

ist entsprechende Vorarbeit angesagt, die hier zu beschreiben den gesetzten Rahmen sprengen würde. – Genug der Schwierigkeiten. Bislang hat jeder meiner sich kontinuierlich weiterbildenden Kursteilnehmer im Laufe der Zeit es geschafft, hiermit fertig zu werden.

▸ Selbst eine wie hier beschriebene halbe Galopp-Pirouette, souverän geritten, wird Ihnen, ob schlichter Freizeitreiter oder was auch immer Sie sein mögen, ein großes Glücksgefühl vermitteln. Es wird Sie mit Ihrem Pferd noch enger verbinden und Ihr Reiten nun in eine neue Dimension heben.

So wird's gemacht

▸ Von der kurzen Seite bei C im Schulterherein kommend, gehen Sie rechtsherum auf dem Hufschlag über M bis zum Zirkelpunkt.

▸ Am Zirkelpunkt wechseln Sie unter Beibehaltung der Biegung in eine Traversale. Traversieren Sie über X bis einige Meter vor den Hufschlag.

▸ Nach Vollzug der Halbpirouette kehren Sie, in der Traversale bleibend, zum Hufschlag am Zirkelpunkt zurück.

▸ Nach dem Galoppwechsel geht's linksherum über C die lange Bahnseite weiter, A und F passierend, bis zum Zirkelpunkt.

▸ Am Zirkelpunkt beginnen Sie wieder mit einer Traversale in Richtung X und wiederholen die Übung linksherum.

▸ Nicht vergessen! Anschließend darf sich Ihr Pferd am hingegebenen Zügel eine Runde lang strecken.

Übung 30
360°-Wendung aus der Traversale

Schwierigkeitsgrad

im Schritt: *mittelschwer*
im Galopp: *schwer*

Mein Kurztipp

Die 360°-Wendung im Schritt geritten wird als Hinterhandwendung oder Schrittpirouette bezeichnet. Ferner gibt es noch für fortgeschrittene Könner die sehr schöne Piaffe-Pirouette.
Alle Pirouettenarten haben eins gemeinsam: Hier müssen sich die Hinterbeine des Pferdes unbedingt im Takt der Gangart in einem kleinen Kreis bewegen.

Tipps zur Hilfengebung

▸ Für die Schritt-Pirouette müssen Sie lediglich als gymnastizierende Vorübung das Schulterherein und für die Übung selbst die Traversale flüssig reiten können.

▸ Etwas Mühe wird unter Umständen der mit den Hinterbeinen zu beschreibende kleine Kreis bereiten, da hierzu die Hinterbeine ständig treten und keinen Augenblick etwa stehen bleiben dürfen. Gegebenenfalls kippen Sie verstärkt als treibende Hilfe, den Schwingungen des Pferdes angepasst, dynamisch Ihr Becken nach hinten ab.

▸ Zur korrekten Galopp-Pirouette sollten Sie als Vorübung alle Seitengänge flüssig reiten können. Eine locker und leicht aussehende Galopp-Pirouette wird Ihnen nur dann gelingen, wenn Sie zu dieser Übung vorweg einen Mix aus Schulterherein, Travers, Renvers sowie Traversale abwechselnd im Schritt, Trab und Galopp reiten und hierbei ab und zu ein kurzes Anhalten einschieben. Dies alles sollte sich auf Zirkeln und großen Volten abspielen.

Erläuterungen

▸ Reiten Sie öfter das erwähnte Medley in Ihrem Reitprogramm, wird Ihr Pferd bald kaum wieder zu erkennen sein. Natürlich vorausgesetzt, dass Sie es nicht überfordern und Ihre Hilfen leicht verständlich erteilt werden. Auch müssen Sie stets bemüht sein, die Hilfen im Laufe der Zeit zu minimieren. Schließlich sollte auch diese Übung, präzise geritten, Ruhe und Gelassenheit ausstrahlen.

Eine Traversale, auf der Stelle fortgesetzt, ergibt eine 360°-Wendung um das innere Hinterbein. Nathalie Penquitt bei einer Wendung nach rechts. Während das äußere Hinterbein kreuzt, greifen die Vorderbeine weit aus.

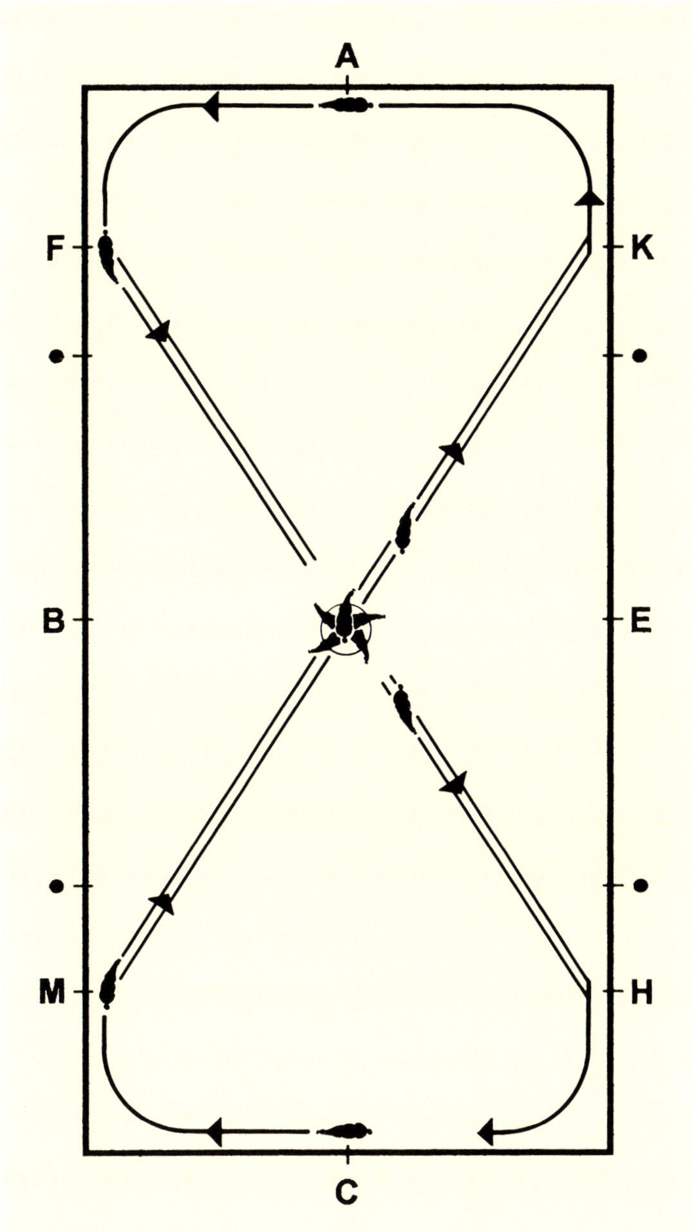

▸ Beherrschen Sie nun die engen Wendungen in allen hier aufgezeigten Versionen mit Sicherheit, Lockerheit und Leichtigkeit, so sollten Sie diese Übung zur weiteren Förderung der Rittigkeit und Harmonie zwischen Ihnen beiden öfter in Ihrem Programm praktizieren.

▸ Lassen Sie sich nicht durch Sprüche anderer beirren, dass so genannte Freizeitpferde keiner besonderen Gymnastizierung und der hiermit stets verbundenen Stärkung der Psyche benötigen. Hören Sie einmal, was Ärzte in Pferdekliniken hierzu sagen, und denken Sie einmal darüber nach, warum Nur-Spazierreiter immer wieder einmal getrennt von ihrem Pferd von einem Ausritt zurückkommen.

So wird's gemacht

▸ Nachdem Sie Ihr Pferd in dem beschriebenen „Vorprogramm" vorbereitet haben, reiten Sie auf dem Hufschlag der kurzen Seite über C kommend, rechtsherum nach M.

▸ Bei M beginnen Sie mit einer Traversale nach X.

▸ Bei X reiten Sie ohne anzuhalten eine volle Pirouette. Dann setzen Sie die Traversale bis nach K fort.

▸ Anschließend gehen Sie über A weiter nach F.

▸ Bei F beginnend, wiederholen Sie die Übung, jedoch nun mit einer Pirouette linksherum.

▸ Als Belohnung darf Ihr Pferd eine Bahnrunde am hingegebenen Zügel gehen.

Übung 31/32
Volltraversale vor und über Stangen

Schwierigkeitsgrad

im Schritt: *mittelschwer*

Mein Kurztipp

Die Gelassenheitsprüfung, kurz GHP genannt, ist der seit langem sinnvollste Schritt im Reglement des offiziellen konventionellen Reitens. Neu ist diese Art von Aufgaben aber keineswegs. Schon vor über zwei Jahrzehnten wurden solche und ähnliche Geschicklichkeitsaufgaben von Freizeitreitern geübt und im Westernreiten als Disziplin verlangt.

Hier kann sich das Pferd zum Einüben einer korrekten Volltraversale im freien Raum beim Traversieren an einer Bodenstange orientieren.

Tipps zur Hilfengebung

- Zum Reiten von Geschicklichkeitsaufgaben gebrauchen Sie im Prinzip die gleichen Hilfen wie zu den übrigen Übungen. Bleiben Sie stets senkrecht im Sattel, es sei denn, es ginge bei den Aufgaben auf- oder abwärts. Dann dürfen und müssen Sie sich vorbeugen. Geht's über Stangen oder rückwärts, dann bleiben Sie, auch wenn Sie es anders kennen, senkrecht sitzen.

- Und denken Sie daran, auch bei Richtungsänderungen in diesen Übungen souverän senkrecht im Sattel zu bleiben, anstatt in gewissen Situationen in der Hüfte nach innen oder außen abzuknicken. Was Sie aber dürfen und müssen, ist das konsequente rechtzeitige Drehen Ihres Oberkörpers in die Bewegungsrichtung des Pferdes bei Richtungsänderungen.

- Noch etwas sollten Sie nie vergessen: Es ist das dynamische, den Schwingungen des Pferdes angepasste Abkippen des Beckens nach hinten. So fällt es Ihnen in kaum einer Situation schwer, im Sattel zu kleben. Auch können Sie einem ungewollten Rückwärtsgehen des Pferdes entgegenwirken.

- Für das Üben der Volltraversale müssen Sie, unter Beachtung der vorgenannten Regeln, unbedingt Ihr Gewicht in die Bewegungsrichtung verlagern. Nur so wird das in der Volltraversale ungeübte Pferd flüssig seitwärts treten.

Erläuterungen

- Die Volltraversale ist ein Vorwärts-/Seitwärtskreuzen der Pferdebeine ohne Vorschub. Es geht also nur seitwärts. Häufig will das Pferd sich bei bestimmten Übungen, in der diese Lektion gefragt ist, durch Rückwärtsgehen verabschieden.

- Damit zum einen Ihnen die jeweilige Geschicklichkeitsübung gelingt, zum anderen das Pferd sich hierbei nicht etwa am inneren Kronenrand des inneren Beines verletzt, ist das verstärkte Abkippen Ihres Beckens als treibende Hilfe unerlässlich.

- Als Orientierungshilfe für das erleichterte Erlernen der Volltraversale dienen auf dem Boden liegende und gegen Wegrollen gesicherte Stangen. Zunächst ist in einem gewissen Abstand an diesen entlang in einer Volltraversale zu traversieren.

- Beim Erlernen der Übung versuchen Sie, diese nicht vor der Stange stehend, also aus dem Stand heraus, anzufangen. Ihr

Pferd wird kaum verstehen, was Sie von ihm verlangen. Sie sollten vielmehr noch etwa acht bis zehn Schritte in schräger Linie vor sich haben, um sich mittels einer Traversale zum Stangenanfang hinzubewegen.

▸ Nun können Sie wesentlich leichter aus laufender Bewegung heraus mit der Volltraversale beginnen. Aber auch hierzu ist dem noch häufig zögerlichen Pferd mit einer Erleichterung zu helfen. Lassen Sie es anfangs in einer Travers-Stellung einige Meter an den Stangen entlanggehen, bevor Sie eine korrekte Winkelung von nahezu 90° verlangen.

▸ Hat das Pferd gelernt, im rechten Winkel ohne Schwierigkeiten an der Stange entlang zu traversieren, so geht's an die nächste Hürde. Bei der Folgeübung handelt es sich um das seitliche Traversieren mit dem sich über der Stange bewegenden Pferd.

▸ Erfahrungsgemäß bereitet diese Übung dem Pferd oftmals erhebliche Schwierigkeiten. So ist es ratsam, stufenweise vorzugehen. Zunächst traversieren Sie nach entsprechender Einleitung wie bisher die erste Hälfte vor der Stange entlang. Dann lassen Sie das Pferd über die Stange treten.

Die Volltraversale ist bei Geschicklichkeitsübungen unerlässlich. Sie sollte daher in allen möglichen Variationen geübt werden, Ruhe und Gelassenheit sind oberstes Gebot.

▸ Nun treiben Sie energisch seitwärts weiter und verhindern unbedingt ein mögliches Rückwärtsgehen des Pferdes. Diese Vorübung wird so lange wiederholt, bis das Pferd keine Probleme mehr hat. Nun verlagern Sie das Übertreten weiter zum Anfang der Stange, bis Sie von vornherein Ihr Pferd sofort einfädeln können.

So wird's gemacht

▸ Zunächst legen Sie zwei Stangen der Länge nach aneinander im rechten Winkel zum Hufschlag und ca. einen Meter von diesem entfernt in Höhe des Zirkelpunktes hinter H auf den Boden.

▸ Auf der kurzen Seite rechtsherum gehend, biegen Sie einige Meter hinter C nach rechts ab und beginnen in einer schrägen Linie ca. 8 bis 10 m entfernt mit einer Traversale in Richtung Stangenanfang.

▸ Ohne anzuhalten, geht's nun in einem Abstand von maximal 50 cm zu den Stangen in der Volltraversale bis zum Hufschlag.

▸ Reiten Sie weiter bis E und biegen dort zur Mittellinie ab.

▸ Beim Erreichen der Mittellinie biegen Sie wiederum nach links ab und beginnen in ca. 8 bis 10 m Entfernung vom Stangenanfang mit der gleichen Übung, jedoch von rechts nach links.

▸ Nachdem diese Übung vom Pferd perfekt vollzogen wird, soll

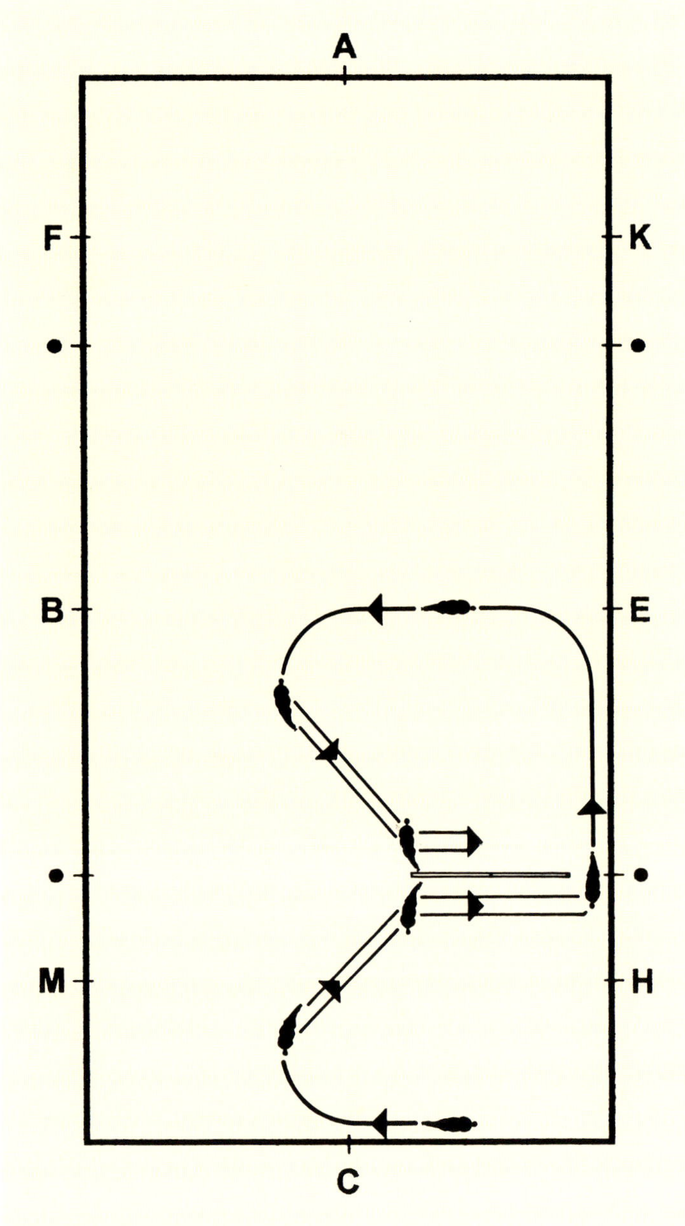

es in einer weiteren Stufe über den Bodenstangen seitlich traversieren.

▸ Sie beginnen, wie bereits anfänglich geübt, vor den Bodenstangen einige Meter seitlich entlang zu traversieren. Ohne

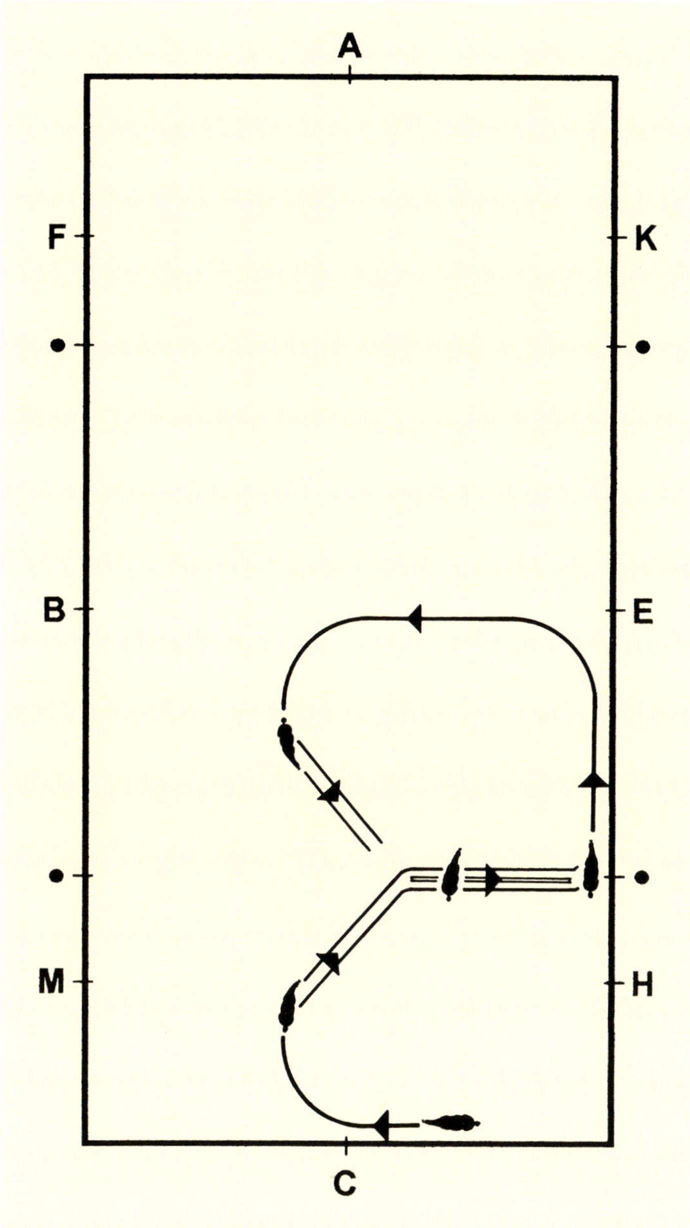

anzuhalten, lassen Sie nun das Pferd, mit den Vorderbeinen über die Stange tretend, seitlich weitergehen.

▸ Wiederholen Sie die Übung und lassen Sie hierbei das Pferd ständig etwas früher über die Stange treten, bis Sie es am Anfang der Stange ohne weiteres einfädeln können.

▸ Selbstverständlich muss diese Übung nun auch von rechts nach links verlaufend wiederholt werden.

Etwas unter sich liegen zu haben ist einem Pferd unheimlich und muss mit entsprechenden Hilfsmitteln geübt werden.

Übung 33
Volltraversale zwischen Stangen

Schwierigkeitsgrad

im Schritt: *mittelschwer*

Mein Kurztipp

Übungen mit Hilfe von Markierungen mittels Bodenstangen bieten sich in vielen Varianten an. Ein paar Stangen, in sinnvoll überlegten Formen zu einer Übung geordnet, können kaum vorstellbare positive Veränderungen in der Psyche eines Pferdes bewirken. Derartig gravierende Einflüsse, nur durch das Bewegen vor, über und zwischen einigen am Boden liegenden Stangen, sind nahezu unglaublich!

Bei dieser Volltraversale ist nach vorne oder nach hinten wenig Spielraum. Vor dem Ende der Stangen soll das Pferd mit den Vorderbeinen zwischen den Stangen bleiben und, nach einer Wendung um das innere Vorderbein, nach rechts zurück traversieren. Hier ist viel beiderseitige Verständigung gefragt.

Tipps zur Hilfengebung

▸ In den Tipps zur ersten Übung einer Geschicklichkeitsaufgabe wurde darauf hingewiesen, dass selbstverständlich auch hier die üblichen bereits erklärten und von Ihnen vielfach angewandten Hilfen benötigt werden. So erübrigen sich, wie auch bereits an anderer Stelle gesagt, hierzu ausführliche Wiederholungen.

▸ Neben den bereits detailliert geschilderten positiven Auswirkungen handelt es sich bei dieser und der vorhergehenden Übung um Variationen zum Üben einer präzisen Volltraversale. Bei der hier beschriebenen Übung kommt jedoch eine neue Komponente hinzu, die Wendung um das innere Vorderbein oder, anders gesagt, die Vorhandwendung.

▸ Die Wendung um das innere Vorderbein ist bei vielen Übungen unerlässlich, aber relativ leicht erlernbar. Am Ende der parallel liegenden Bodenstangen muss das Pferd mit seinen zwischen den Stangen befindlichen Vorderbeinen eine Vorhandwendung durchführen. Bei dieser relativ einfachen Wendung sollen sich drei Beine um das innere (hier linke) Vorderbein drehen.

▸ Stellen Sie hierzu den Kopf des Pferdes etwas nach links. Das Pferd wird dieser seitlichen Biegung durch Ausweichen nach rechts begegnen. Dies unterstützen Sie mit Ihrem inneren (linken) Schenkel sowie durch Drehen von Oberkörper und Becken nach innen (links).

▸ Sie haben, mit Ihrem Pferd durch viele Übungen fortschreitend, sich gegenseitig etwas sagen und verstehen können. Dessen bewusst, sollten Sie nicht versäumen, Ihre Zügel- und Schenkelhilfen immer weiter zu minimieren. Viele meiner Kursteilnehmer waren nach einer gewissen Zeit erstaunt, mit wie viel weniger hier auszukommen war.

Erläuterungen

▸ Das Reiten einer Volltraversale über einer Stange und einer zweiten als Begrenzung für die Vorderbeine ist einerseits eine Erschwerung der Aufgabe, andererseits bietet sich durch die Begrenzung nach vorne eine richtungweisende Anlehnung.

▸ Erweitert wird die Übung durch die erforderliche Wendung des Pferdes, mit den Vorderbeinen zwischen den Stangen ste-

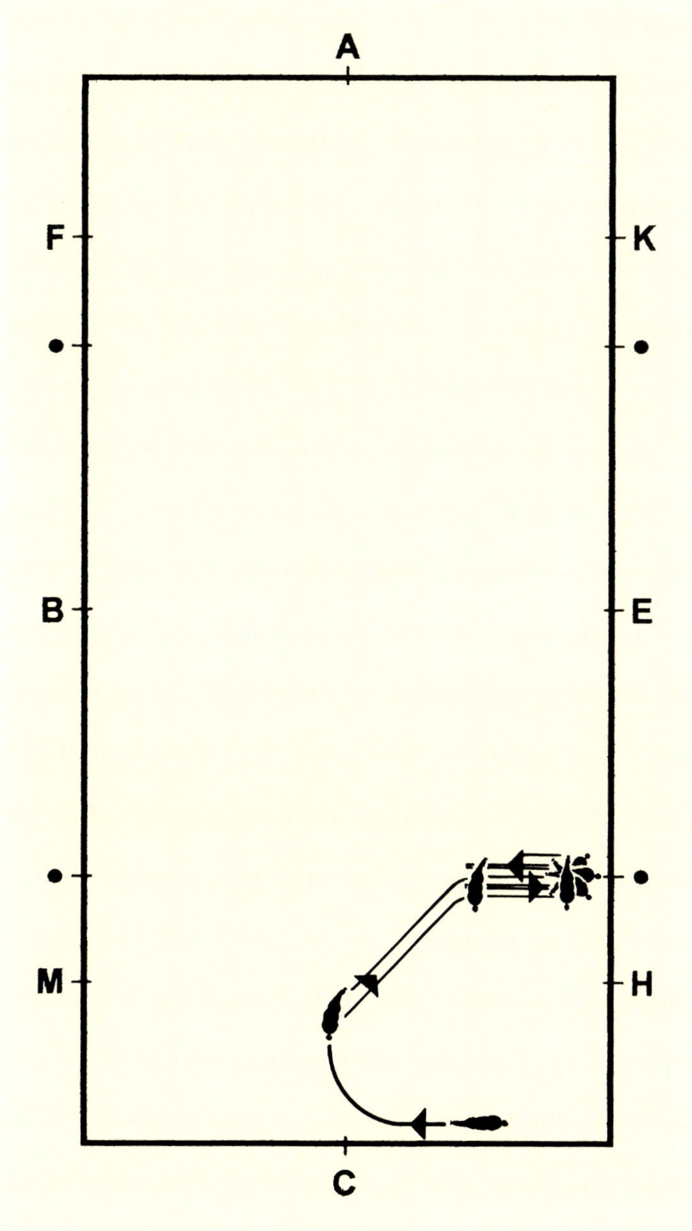

hend. Ansonsten erfordern die hier vorgeschlagenen Stangenübungen mittels einer Volltraversale alle die gleichen Hilfen.

- Vorausgesetzt, Sie zeigen stets und ständig und in jeder Situation Ruhe und Gelassenheit, so werden die Geschicklichkeitsaufgaben für Ihr Pferd einen weiteren großen Schritt zu mehr Ruhe und Gelassenheit bedeuten, ein weiteres Plus zur Vertiefung des beiderseitigen Verstehens.

So wird's gemacht

- Legen Sie zwei Stangen parallel zueinander in einem Abstand von ca. 60 cm im rechten Winkel zum Hufschlag und ca. einen Meter von diesem entfernt in Höhe des Zirkelpunktes hinter H auf den Boden. Runde Stangen sind gegen Wegrollen zu sichern.

- Auf der kurzen Seite rechtsherum gehend, biegen Sie einige Meter hinter C nach rechts ab und beginnen in einer schrägen Linie ca. 8 bis 10 m entfernt mit einer Traversale in Richtung Stangenanfang.

- Ohne anzuhalten, lenken Sie Ihr Pferd nun, mit den Vorderbeinen zwischen den Stangen gehend, in einer Volltraversale bis kurz vor die Stangenenden.

- Mit den Vorbeinen weiterhin zwischen den Stangen drehen Sie, ohne diese zu berühren, nun in einer Vorhandwendung Ihr Pferd zur Volltraversale über die zweite Stange.

- Wiederholen Sie diese Übung nunmehr von rechts nach links traversierend.

Übung 34
Rückwärts durch parallele Stangen

Schwierigkeitsgrad

im Schritt: *mittelschwer*

Mein Kurztipp

Markierungen erfordern präzises Reiten. Hier kann nicht gemogelt werden. Dem Pferd können Sie aber einen gewissen Halt bieten. Werden die Hilfen klar, eindeutig und angemessen sensibel, sprich pferdegerecht, gegeben, so wird es bald einen Zusammenhang erkennen. Es wird irgendwann von selbst darauf achten, die Markierungen einzuhalten.

Tipps zur Hilfengebung

▸ Wie das meiste, was ein Pferd lernen soll, ist auch das Rückwärtstreten – hat das Pferd erst einmal verstanden, was Sie von ihm wollen – relativ einfach. Oft ergibt sich dies aus den Erfahrungen seiner Erlebnisse. Nachstehend ein Beispiel:

▸ Ein Pferd wird je nach seiner Reaktion durch mehr oder weniger verstärkte Zügelannahme und Abkippen des Beckens nach hinten konsequent angehalten. Unverzüglich werden die Zügel völlig nachgegeben. Der sehr lästige Druck im Maul verschwindet hierdurch sofort. Diese sich konsequent wiederholende angenehme Erfahrung wird vom Pferd nun fest gespeichert.

▸ Was aber nun, wenn der Druck im Maul trotz sofortigem Anhalten bleibt und auch der Druck beider Schenkel nicht nachlässt? Da dem Pferd der Weg nach vorne deutlich versperrt ist, wird es nun instinktiv rückwärts gehen.

▸ Es ist geschafft. Den Rest macht die Gewohnheit. So wird später ein leichtes, rückwärts gerichtetes Vibrieren der Zügel zusammen mit den genannten weiteren Hilfen genügen, das Pferd rückwärts gehen zu lassen.

▸ Eine lange Erklärung zu zwei symptomatischen Verhaltensmustern des Pferdes, die man sich nach dem Motto „mit Pferden denken, Pferde lenken“ zu Nutze machen kann.

▸ Mit einem Stangengang haben Sie und Ihr Pferd eine eindeutige Orientierungsmöglichkeit für das korrekte Rückwärtstreten. Hier können Sie beide lernen, und so wird Ihr Pferd Ihnen zeigen, welche Korrekturhilfen Sie geben müssen, wenn etwas schief geht.

▸ Will also Ihr Pferd sich aus dem Stangengang vorzeitig verabschieden, so nützen Sie hiergegen das aus, was ein Pferd nur ungern macht, und zwar sich seitlich biegen. Driftet es nach rechts ab, so biegen Sie es nach rechts. Das Pferd wird dieser Biegung sofort entgegenwirken und nach links ausweichen. Unterstützend setzen Sie hierzu noch den rechten Schenkel ein.

▸ Die Hinterbeine sind nun wieder in der Mitte des Stangenganges. Jetzt aber müssen Sie mit Ihrem linken Schenkel sehr aufpassen, um zu verhindern, dass es infolge Ihrer Korrekturen nun nicht nach links schief geht. Mit diesen Hilfen wird aber Ihr Pferd schnell lernen, wo es lang geht. Ebenso lernt es,

Ein durch Bodenstangen begrenzter Gang erzieht das Pferd zum geraden Rückwärtsgehen. Gleich geht's aber auch noch rückwärts um die Ecke. Diese Übung sollte öfter wiederholt werden.

wie der kritische Winkel im Stangengang flüssig und ohne etwa auswärts zu landen, zu meistern ist.

▸ Zu Beginn der Rückwärtstour steht das Einfädeln in den Stangengang mittels einer Vorhandwendung an. Diese Wendung um das innere Vorderbein ist bei verschiedenen Übungen unerlässlich, aber relativ leicht erlernbar. Hierzu noch einmal die Erklärung der Hilfen an einem Beispiel.

▸ Sie stellen Ihr Pferd so vor den Stangengang, dass es nach der Wendung möglichst dicht vor den Stangen steht und mit dem ersten Schritt rückwärts sich bereits im Gang befinden würde. Stehen Sie zu weit vom Eingang entfernt, so könnte es anfangs zu erheblichen Schwierigkeiten beim Einfädeln kommen.

Der Shagya-Araber Watani 12 beim Rückwärtstreten durch das Stangen-L. Die Krönung dieser Übung ist ein Passieren ganz ohne Zäumung und mit nahezu unsichtbaren Hilfen, wie er es unter mir auf der EQUITANA gezeigt hat.

▸ Zunächst aber werden Kopf und Hals des Pferdes in diesem Beispiel etwas nach rechts gestellt. Das Pferd wird dieser seitlichen Biegung durch entgegengesetztes Ausweichen nach links begegnen. Dies unterstützen Sie mit Ihrem inneren (rechten) Schenkel sowie durch Drehen von Oberkörper und Becken nach innen (rechts).

Erläuterungen

▸ Frei in der Bahn ist das korrekte Rückwärtstreten, das heißt, in einer geraden Linie, nicht einfach. Das Pferd hat kein Empfinden für das, was gerade ist. Achten Sie mal darauf, auf welch

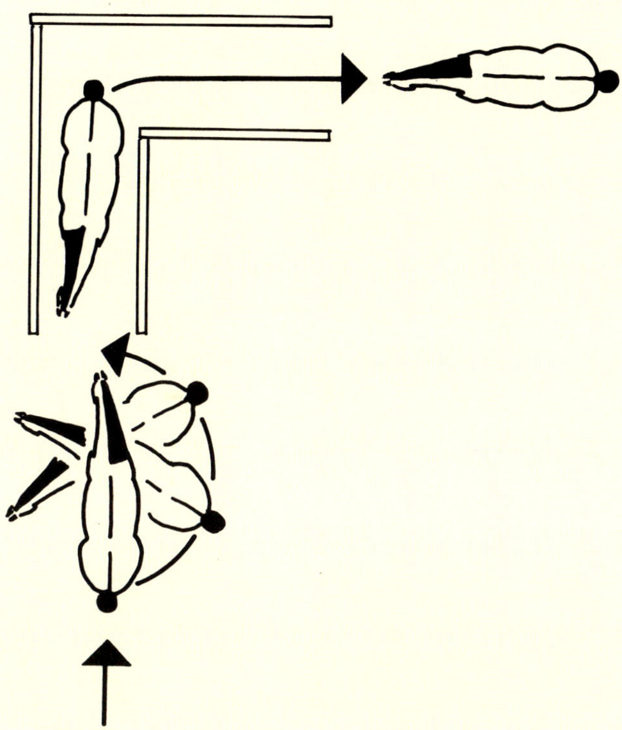

krummen Linien sich ein Pferd auf einer Weide Ihnen nähert. Dann wissen Sie es. Um vieles schwieriger wird es dann beim Rückwärtsgehen.

- Beim ersten Einfädelmanöver im Rückwärtsgang wird Ihr Pferd sich stark verunsichert fühlen und in den unbekannten Gang nicht hineinwollen. Einmal im Stangengang drinnen, ist manches Pferd dann nicht mehr aufzuhalten, den Rückwärtsgang abzuschalten.

- So kann es passieren, dass es dort, wo es eigentlich im Stangengang um die Ecke gehen sollte, unbeirrt weiter geradeaus rückwärts eilt und ein kleines Chaos verursacht.

- Hier hilft nur zu üben, nach einem, zwei oder drei Rückwärtsschritten einen Stopp einzulegen. Kein Rückwärtsschritt darf in diesem Fall ohne ein Signal von Ihnen erfolgen.

So wird's gemacht

- Legen Sie je zwei Stangen, in einem rechten Winkel angeordnet, parallel zueinander zu einem doppelten L so auf den Boden, dass hierdurch ein Stangengang von etwa 100 bis 120 cm Breite entsteht.

- Stellen Sie Ihr Pferd eine knappe Pferdelänge vor dem Stangeneingang, mit dem Kopf in diese Richtung zeigend, auf.

- Drehen Sie Ihr Pferd in einer Vorhandwendung links- oder rechtsherum um 180°.

- Ohne anzuhalten, lassen Sie Ihr Pferd rückwärtstretend durch den L-förmigen Stangengang gehen.

- Nach dem Verlassen des Stangengangs lassen Sie Ihr Pferd noch einige Meter weiter rückwärtstreten.

- Wiederholen Sie diese Übung nunmehr von der anderen Seite des Stangenganges her.

Übung 35
Über Stangen treten

Schwierigkeitsgrad

im Schritt: *relativ leicht*
im Trab: *mittelschwer*

Mein Kurztipp

Sicheres Reiten im Gelände hängt viel von der Aufmerksamkeit und Trittsicherheit Ihres Pferdes ab. Im Gelände heißt es für das Pferd, auf Bodenunebenheiten zu achten und, was für alles Reiten ungemein wichtig ist, die Beine zu heben. Dies sollte zu Hause geübt werden. Fünf dicke Rundhölzer machen's möglich.

Tipps zur Hilfengebung

- Geht es relativ steil aufwärts oder ebenso abwärts, sollen Sie sich, den Rücken des Pferdes entlastend, nach vorne beugen. Hingegen bleiben Sie beim Übersteigen von Stangen, die auf waagerechtem Boden liegen, senkrecht im Sattel sitzen.

- Das Pferd soll und muss bei dieser Übung stärker als gewöhnlich seine Beine heben. Hierbei unterstützen Sie es, fest im Sattel bleibend, durch das dynamische Abkippen des Beckens als vorwärts treibende Hilfe. So entlasten Sie die Vorderbeine, anstatt durch Vornüberbeugen das Gegenteil zu bewirken.

- Das Pferd kann in einem extremen Weitwinkel sehen. Dafür ist es bei der sonst gewünschten Aufrichtung in seinem Sehvermögen nach vorn durch einen erheblichen toten Winkel eingeschränkt. Sie müssen daher rechtzeitig, das heißt, ca. vier Schritte vor den Hölzern, Ihr Tempo passend reduzieren und die Zügel hingeben, sonst kann Ihr Pferd nicht den Hals nach vorne strecken, um seine Schritte taxieren zu können.

Erläuterungen

- Verschiedene Geschicklichkeitsaufgaben sind dem so genannten Trail, einer Disziplin aus dem Westernreiten, entlehnt. Sie haben einen großen psychologischen Wert, was ich aus eigener langjähriger Erfahrung bestätigen kann, war doch mein legendärer Shagya-Araber Watani 12 auch in dieser Dis-

Um das erheblich begrenzte Blickfeld direkt vor ihm auszugleichen, geht das Pferd aufmerksam nach vorne gebeugt und dadurch völlig sicher über die Rundhölzer. Allerdings sollte die Reiterin die erforderliche Zügelfreiheit nicht durch die Verlagerung ihres Körpergewichts auf die Vorderbeine erzielen.

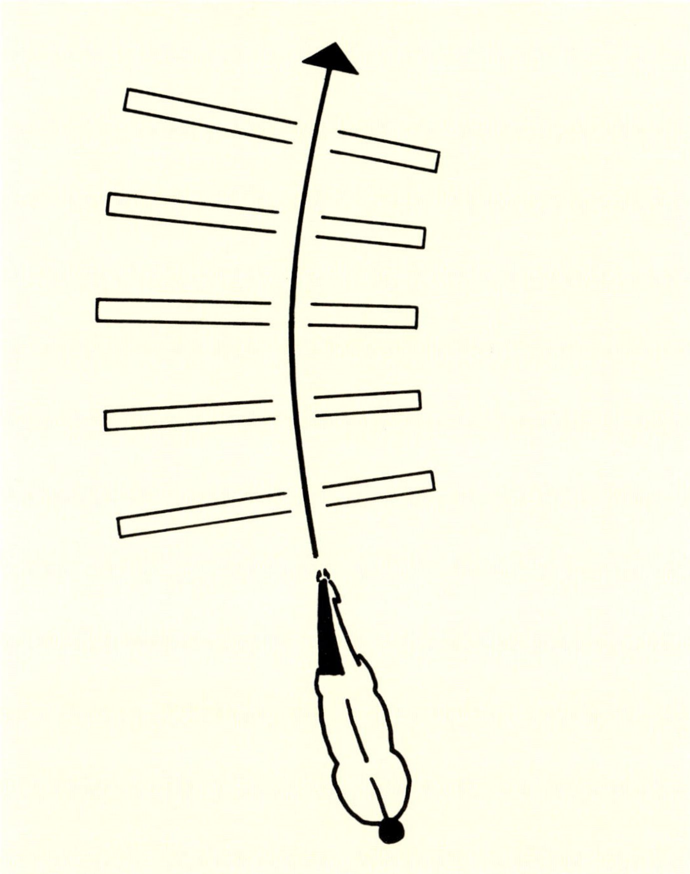

ziplin vielfacher Meister. Das Pferd lernt mit großer Aufmerksamkeit, Abstände einzuschätzen und sehr bald seine Beine zu heben, will es nicht ins Stolpern kommen.

- Fünf dicke, witterungsbeständige, ca. drei Meter lange Rundhölzer bilden die Grundlage für diese Geschicklichkeitsübung. Sie sind hintereinander und leicht fächerförmig angeordnet. Auch sollten sie gegen Verrollen gesichert sein. Der engste Abstand der Hölzer im Fächermuster beträgt ca. 75 cm, der weiteste am Außenrand ca.95 cm.

So wird's gemacht

- Gehen Sie zunächst im Schritt auf die Rundhölzer zu. Etwa vier Schritte davor geben Sie die Zügel deutlich nach, damit das Pferd sich über die Lage der Hölzer orientieren kann.

- Weigert sich Ihr Pferd beim ersten Versuch, über die Rundhölzer zu gehen, so steigen Sie ab und zeigen dem Pferd, indem Sie etwas seitlich versetzt vorweggehen, dass keine Gefahr besteht.

- Noch besser ist, wenn ein anderes, ruhiges Pferd vorweg geht und Sie sich ihm anschließen können.

- Hat nun alles geklappt, dann überqueren Sie, aufrecht im Sattel sitzend und mit weiterhin hingegebenen Zügeln, die fächerförmig angeordneten Rundhölzer an deren engeren Zwischenräumen.

- Geht Ihr Pferd nach einigen Tagen Üben ohne besonders anzuklicken über die Hölzer, dann probieren Sie es im Trab.

- Im Trab müssen Sie vor allem Ihr Tempo vorher so weit reduzieren, dass Sie die ca. vier Schritte vor den Hölzern die Zügel wie beschrieben hingeben können.

- Ein weiteres Zurücknehmen des Tempos durch Wiederaufnahme der Zügel sollten Sie während der Überquerung der Hölzer vermeiden.

- Je schneller Sie bei der Überquerung sind, desto weiter außen müssen Sie – über die größeren Abstände der Hölzer – entlangreiten.

Übung 36
Das Stangen-U

Schwierigkeitsgrad

im Schritt: *mittelschwer*

Mein Kurztipp

An anderer Stelle wurde bereits festgestellt, dass Markierungen für Reitmuster sehr hilfreich sein können, andererseits aber präzises Reiten erfordern. Sie machen deutlich, inwieweit Ihre Hilfen beim Pferd ankommen und ob es bereits in der Lage ist, den jeweils gestellten Anforderungen nachzukommen. Auch das Stangen-U kann hierüber sehr wohl Auskunft geben.

Tipps zur Hilfengebung

- Um das Stangen-U zu absolvieren, benötigen Sie Kenntnisse über die Hilfen zur Volltraversale, zum Rückwärtstreten sowie zur Wendung um das innere Vorderbein des Pferdes. Soll es leicht, flüssig und ohne anzuklicken geritten werden, müssen Sie zusätzlich noch über einiges mehr mit Ihrem Pferd einig sein, so zum Beispiel über die besonders bei etwas nervigeren Pferden wichtige Dosierung der Hilfen.

- Wie Sie wissen, sind die Hilfen die Sprache, mit der Sie sich mit Ihrem Pferd verständigen. Wer bei kleinsten Fehltritten seines Pferdes losbrüllt, wird bald mit einem Stangensalat zu kämpfen haben. Wenn es um Zentimeter geht, sollten Sie nahezu „flüstern“, aber rechtzeitig und nicht erst morgen.

- Gehen Sie rückwärtstretend in das Stangen-U, dann wird es sich zeigen, ob Sie geübt haben, zu jeder Zeit auf wenige Zentimeter genau anzuhalten. Spätestens aber ein kurzes, deutliches Abkippen des Beckens nach hinten und ein deutliches Nachgeben mit den Zügeln sollten den Rückwärtsgang stoppen.

- Und noch etwas: Ob Sie vorwärts oder rückwärts mit Ihrem Pferd in das Stangen-U einreiten, es soll ohne anzuhalten seitwärts in der Volltraversale weitergehen. Hier kann es anfangs Schwierigkeiten geben. Gegebenenfalls fangen Sie die Seitwärtstour dann in Schrägstellung, also im leichten Travers an. Hiermit hat das Pferd kaum Schwierigkeiten. Na bitte, es gibt doch immer einen Weg.

Erläuterungen

- Es hat sich herausgestellt, dass diese und ähnliche Übungen, in ein Reitprogramm eingestreut, oft mehr bewirken können als die ununterbrochenen,

Rückwärts – seitwärts – vorwärts oder umgekehrt wie hier im Bild muss das Pferd durch einen Stangengang. Aufgrund vieler Übungen hat das Pferd Aufmerksamkeit und Konzentration gelernt. Aber nur wenn auch der Reiter sich aufmerksam und konzentriert verhält, werden seine Signale eindeutig vom Pferd verstanden und fehlerlos umgesetzt.

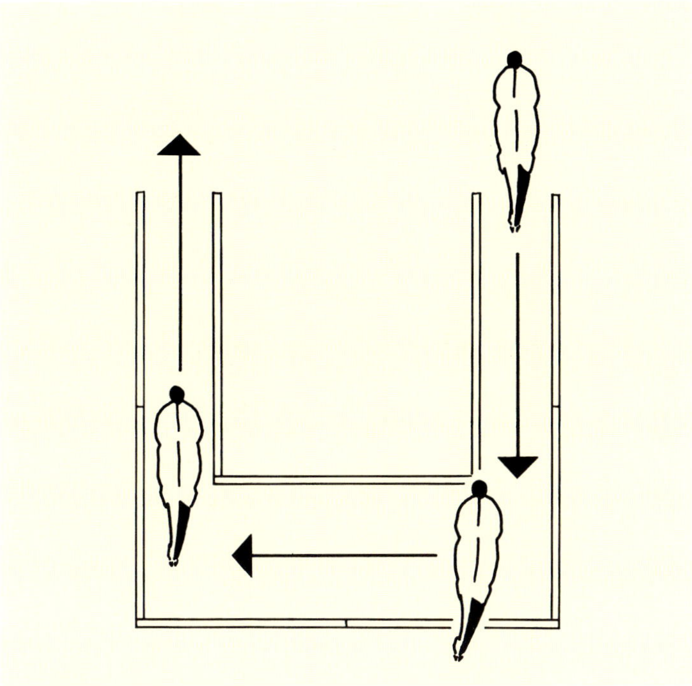

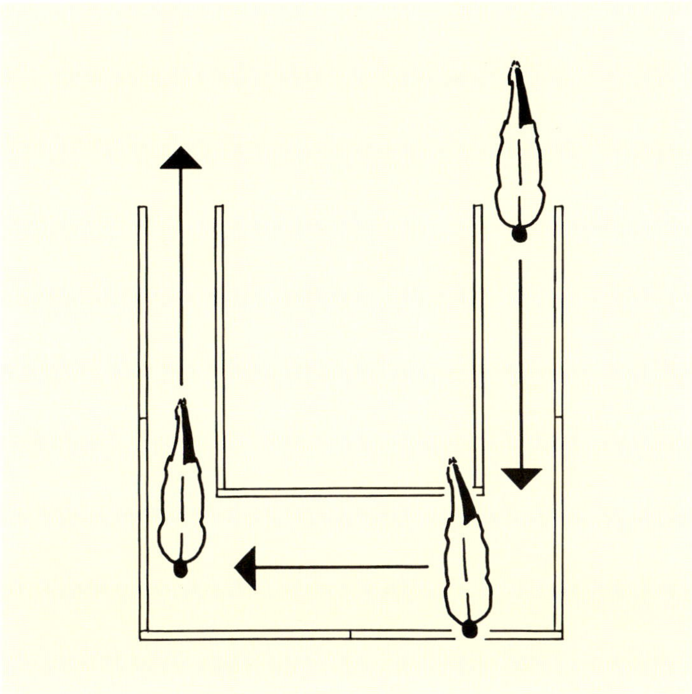

wenn auch noch so wichtigen Wiederholungen im üblichen Trainingsalltag. Auch für das Reiten von altklassischen Elementen können in bestimmter Folge ein paar Stangen, geschickt zu verschiedenen Mustern gelegt, bei Pferden wahre Wunder bewirken.

So wird's gemacht

- Legen Sie eine Anzahl Stangen zu einem U auf den Boden und passen Sie ein zweites kleineres Stangen-U so ein, dass der Abstand im Stangengang ca. einen Meter und an der Stirnseite ca. zwei Meter beträgt.
- Reiten Sie zunächst in den linken Stangengang vorwärts hinein und traversieren Sie im Gang die Stirnseite in einer Volltraversale entlang.
- Dann geht's rückwärts den rechten Stangengang wieder hinaus.
- Wiederholen Sie die Übung nunmehr, von rechts kommend, nach links.
- Anschließend fädeln Sie sich mit Ihrem Pferd, in einer Wendung um das innere Vorderbein drehend, rückwärts in den Stangengang ein.
- Passieren Sie diesmal rückwärts, seitwärts, vorwärts reitend das Stangen-U.
- Wiederholen Sie auch diese Übung nun von rechts nach links gehend.

Übung 37
Das Stangen-T

Schwierigkeitsgrad

im Schritt: *mittelschwer*

Mein Kurztipp

Es ist schon erstaunlich, wie vielseitig ein paar Stangen durch geschickte Anordnungen zu einer gut überlegten Geschicklichkeitsübung eingesetzt werden können. In immer neuen Variationen werden so dem ständig aufmerksamer und geschickter werdenden Pferd fast spielerisch einige Lektionen des altklassischen Reitens geboten.

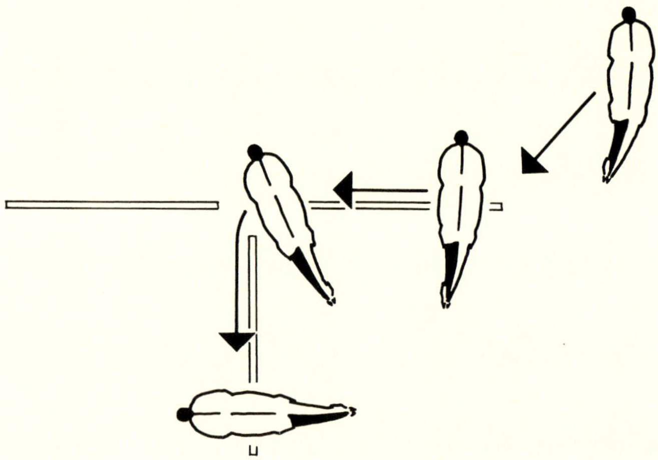

Tipps zur Hilfengebung

▸ Bildlich gesehen sollte irgendwann das Heben einer Augenbraue genügen, um dem Pferd zu sagen, was es tun soll. Es gibt aber auch realistische Wege, um ein Pferd in dieser Richtung hochgradig zu sensibilisieren.

▸ Dass Hauruck- oder ähnliche Methoden beim Umgang mit Pferden das Gegenteil des Erhofften bewirken, brauchte eigentlich nicht besonders betont zu werden. Vielmehr gibt es genügend Beispiele – zu denen vor allem auch die zwar unkonventionellen, aber gut überlegten Geschicklichkeitsübungen gehören –, die beweisen, dass es anders besser geht.

▸ Was in den Übungen an Elementen geritten wird, ist für den anspruchsvolleren Reiter ja keineswegs neu, stammt es doch aus dem Repertoire des altklassischen Reitens. Neu aber ist die interessante, Pferde animierende „Verpackung".

Das Traversieren über die vordere und linke Stange hat Nathalie mittels einer Wendung um das innere (rechte) Vorderbein des Pferdes bereits geschafft. Jetzt kreuzen die Vorderbeine in einer 90°-Wendung nach links um das innere (linke) Hinterbein zum Traversieren über die hintere Stange.

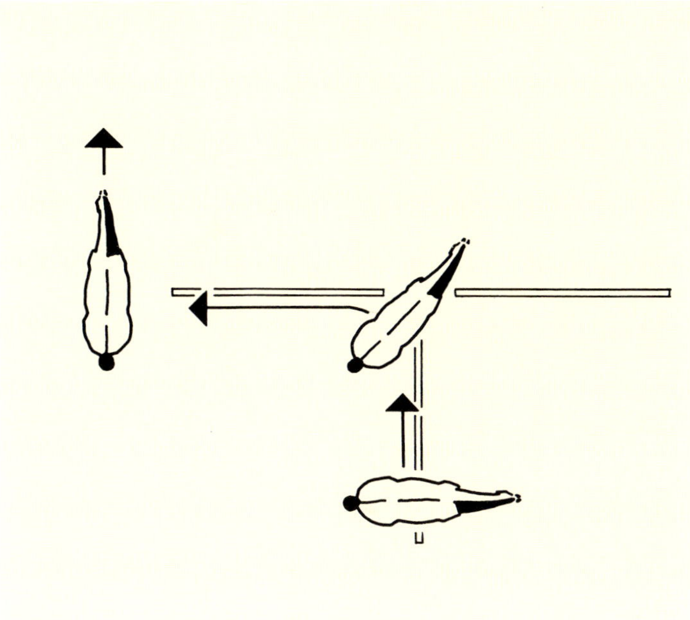

Um es nochmals zu sagen, haben Sie nach den vorliegenden Erfahrungen hierdurch die Möglichkeit, Ihren Bemühungen einen besonderen Schub zu geben, um schließlich mit kaum merklichen Hilfen Ihr Pferd in jeder Situation zu lenken. Schließlich habe ich dies selbst erfahren dürfen, und mein Pferd, das gegen Mitstreiter antrat, die mindestens das Zehnfache gekostet hatten, wurde unter anderem „European Champion Super Horse".

Erläuterungen

- Die sicher auch bei Ihnen anfänglich vorgekommenen Schwierigkeiten beim Traversieren über eine Bodenstange in einer Volltraversale haben Sie längst überwunden. In dieser Übung gilt es nun, zusätzlich und ununterbrochen Weiteres zu tun.

- So sind auf den Punkt genau während der Volltraversale die Richtungen zu wechseln und in kleinen Zwischenräumen der Stangen Wendungen um das innere Vorder- bzw. Hinterbein vorzunehmen.

- Würde es all diese vielen Übungen nicht geben, so müssten sie vor allem im Interesse Ihres Pferdes, aber auch für Sie zum Spaß an der Vielseitigkeit des Reitens schleunigst erfunden werden.

So wird's gemacht

- Legen Sie drei gleich lange Stangen so auf den Boden, dass sie ein modifiziertes T bilden. Lassen Sie zwischen den Stangen, dort wo sie zum T zusammenstoßen würden, einen Zwischenraum von jeweils ca. 50 cm waagerecht und senkrecht.

- Aus einer kleinen Traversale kommend, fädeln Sie sich am linken Ende des für Sie auf dem Kopf stehenden T ein und traversieren über der Stange 1 nach rechts.

- Kurz vor dem Ende der Stange gehen Sie in einer Wendung um das innere (rechte) Vorderbein durch die Stangenlücke und traversieren nun über der Stange 2 nach rechts.

- Vor dem Ende der Stange 2 geht's ohne Pause wieder zurück.

- Nun wenden Sie kurz vor dem Ende der Stange 2 durch die Stangenlücke um das innere (linke) Hinterbein und gehen in der Volltraversale über der Stange 3 bis etwa zwei Schritte über die Stange hinaus.

- Anschließend wiederholen Sie diese Übung, nun von rechts nach links beginnend.

Übung 38
Passieren eines Tores

Schwierigkeitsgrad

im Schritt: *mittelschwer*

Mein Kurztipp

Es ist ein Phänomen, welche Schwierigkeiten ein Pferd in der Bewältigung so manch einer Geschicklichkeitsaufgabe sehen kann.
So auch, wenn man vom Sattel aus ein einfaches kleines Tor öffnen, hindurchgehen und es wieder schließen möchte, ohne es hierbei loszulassen. Was soll's auch, könnte man sagen, wenn nicht hierbei ein bestimmter Beweis erbracht werden könnte.

Ein Tor vom Pferd aus öffnen, hindurchgehen und wieder schließen, ohne es hierbei losgelassen zu haben; ist eine besondere Geschicklichkeitsaufgabe. Diese Reiterin hat es gleich geschafft.

Tipps zur Hilfengebung

- Vertrauen schaffen und das Beherrschen der jeweils erforderlichen Lektionen sind auch für diese Geschicklichkeitsübung die erforderlichen Hilfen für das Pferd.

- Die meisten Pferde scheuen zunächst davor, überhaupt an das Tor heranzutreten, und erst recht, sich zum Öffnen parallel zu diesem zu stellen. Stellen Sie den Kopf des Pferdes in diesem Fall nach außen, setzen Sie den äußeren Schenkel ein und verlagern Sie Ihr Gewicht in Richtung Tor. Ein weiterer Versuch mit diesen Hilfen bringt Ihnen sicherlich mehr Erfolg.

- Jetzt bräuchten Sie nur noch das Tor zu öffnen, dem Pferd verständlich zu machen, dass es hindurchgehen soll, und das Tor, selbstverständlich zu keiner Zeit loslassend, wieder zu schließen. Das wird auch alles so gehen, aber erst am fünften oder sechsten Tag.

- Was Sie für die ersten Versuche an Hilfe bräuchten, wäre ein „Sesam öffne dich". Anders gesagt, von großem Nutzen wäre eine Hilfsperson, die dies übernehmen würde. So könnten Sie an das Tor heranreiten, sich nur auf das Pferd konzentrierend hindurchreiten und das Schließen des Tores nur simulieren.

- Sie werden erleben, wie viel mehr an Aufregung Ihnen und Ihrem Pferd hierdurch erspart bleibt. Ich jedenfalls hatte am Tor so manchen sogar zweibeinigen Pferdetanz in meiner Kopfhöhe erleben dürfen. Und das Umfeld musste mit Kunststoffgittermatten gegen Ausgrabungen gesichert werden.

Erläuterungen

- Was soll's, fragte mich ein Dressurreiter der Klasse S, ein Tor ohne abzusteigen und ohne es loszulassen vom Pferd aus öffnen oder schließen zu können? Eine berechtigte Frage, oder? Ich wusste, dass sein Pferd sehr nervig war und er seit Jahren nicht ausritt. Sie waren des Öfteren getrennt zum Stall zurückgekommen. Auch hatte es da einen Unfall gegeben.

- Monatelanges Einflechten von vielen Übungen in der hier erklärten Art in die turniermäßig ausgerichtete Dressurarbeit zeigte allmählich Wirkung. Es gelang nicht nur das korrekte Öffnen und Schließen eines Tores vom Pferd aus, es wurde wie vor Jahren auch wieder regelmäßig ausgeritten, und man kam ungetrennt, ausgeglichen und zufrieden wieder nach Hause. –

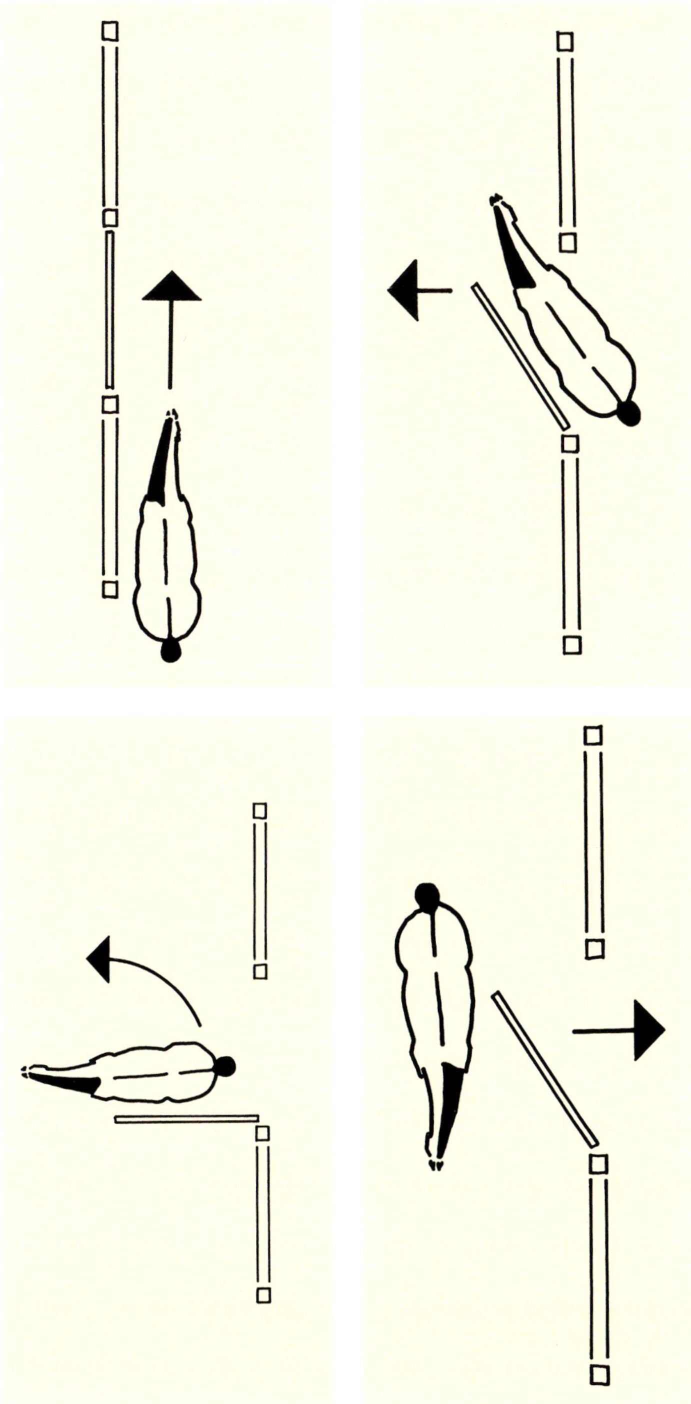

Mein Dressurcrack hatte sich seine eingangs gestellte Frage selbst beantwortet.

So wird's gemacht

- Wer die Gelegenheit hat, ein Tor zum Üben aufzustellen, sollte es tun. Ein Tor zu bauen – es braucht ja keine handwerkliche Meisterleistung zu sein – ist kein besonderes Problem. Der Baumarkt macht's möglich.

- Gehen Sie parallel zum Tor möglichst dicht heran.

- Achten Sie darauf, dass Sie sich beim Öffnen des Tores nicht besonders vorbeugen müssen. Das Pferd geht dann meistens rückwärts.

- Ohne das Tor loszulassen, gehen Sie jetzt etwa zwei Schritte rückwärts und drücken es hierbei ein Stück nach außen auf.

- Lassen Sie das Pferd den Kopf durch die Torlücke stecken und öffnen Sie das Tor nun weitergehend so weit, bis der Torflügel im rechten Winkel steht.

- Jetzt drehen Sie Ihr Pferd in einer Wendung um das innere Vorderbein um 90°.

- Nun geht's seitwärts/rückwärts zum Schließen des Torflügels zurück.

- Hat dies nach entsprechender Übungszeit geklappt, so probieren Sie die gleiche Übung rückwärts beginnend.

Übung 39
Über Cavaletti treten

Schwierigkeitsgrad

im Schritt: *relativ leicht*
im Trab: *mittelschwer*

Mein Kurztipp

Stangen, an deren Enden zur Höhenverstellung asymmetrisch angeordnete Kreuze angebracht sind – Cavaletti nannte der durch seinen revolutionären Springstil bekannt gewordene italienische Reitmeister Caprilli diese Bodenricks. Auch der wohl erfolgreichste Dressurreiter unserer Zeit, Dr. Reiner Klimke, warb für die Cavalettiarbeit.

Tipps zur Hilfengebung

- Aus wohlüberlegten Gründen wurde Ihnen zur Übung „Über Stangen treten“ geraten, die dicken Rundhölzer nicht vornüber gebeugt, das Körpergewicht auf die Vorderbeine verlagert, sondern in aufrechter Haltung zu überqueren. Gleiches gilt bis zur zweiten Höhenstufe auch bei den Cavaletti.

- Denken Sie ferner daran, dass Sie etwa vier Schritte vor Beginn der zu überwindenden Cavaletti bereits dem Pferd die Zügel hingeben. Nur so kann es sich zur Einteilung seiner Schrittlängen über die Lage der Cavaletti orientieren.

- Schließlich darf das Pferd am Punkt der Zügelhingabe nur noch das Tempo haben, mit dem es die Cavaletti passieren soll. Ein späteres Zurücknehmen wäre nur im Notfall geboten und würde den Ablauf empfindlich stören.

Erläuterungen

- Wer für die in Übung 35 vorgestellten dicken und gegen Verrollen gesicherten Rundhölzer einen Dauerplatz zur Verfügung

Im Schritt und mit der niedrigsten Stufe sollte die eigentlich für jedes Pferd unerlässliche Cavalettiarbeit beginnen. Damit das Pferd sehen kann, wo es hintreten muss, dürfen die Zügel nicht angenommen werden.

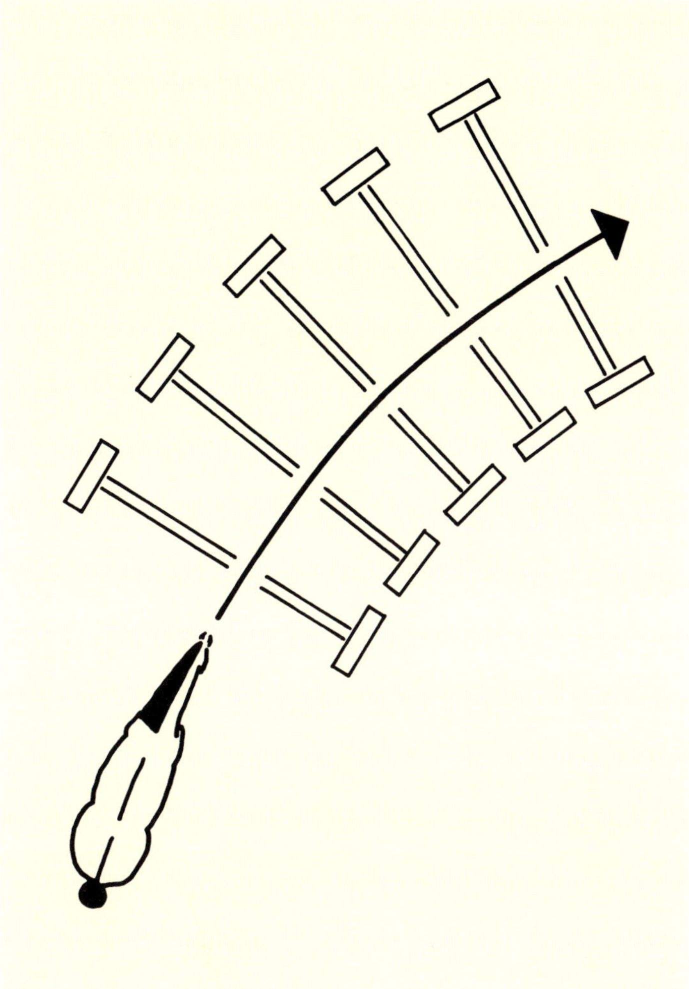

So wird's gemacht

- Steht Ihnen zur Veränderung der Abstände niemand zur Verfügung, so stellen Sie vier bis sechs Cavaletti leicht fächerförmig auf, wobei der Abstand innen etwa 80 cm und an den weitesten Stellen ca. 120 cm betragen sollte.

- Zunächst überqueren Sie die Cavaletti in der niedrigsten Höhe (ca. 20 cm) im Schritt. Für die Überquerung im ruhigen Trab wählen Sie einen größeren Abstand im Fächer.

- Nach Höherstellung in die nächste Stufe (ca. 30 cm) ist es ratsam, diese nur noch im Trab und nicht mehr im Schritt zu absolvieren.

- Die dritte Höhenstufe erfordert schon einiges Können. Hieran sollte man sich nur im etwas fortgeschrittenen Stadium versuchen. Klappt es, so wird es Sie in ein Hochgefühl versetzen und Sie glauben machen können, Sie schwebten in einer hohen altklassischen Passage dahin.

hat, sollte trotzdem auch Cavaletti nutzen können. Hier hebt nicht das eine das andere auf. Eine stationäre Einrichtung hat den Vorteil, ständig und sofort, also ohne Rüstarbeiten, zur Verfügung zu stehen. Der Nachteil liegt in den begrenzten Einsatzmöglichkeiten.

- Cavaletti können Sie an beliebiger Stelle einsetzen, nur müssen sie dazu aufgebaut und wieder fortgeschafft werden. Und nicht jeder ist ein Tarzantyp, und nicht alle Cavaletti sind aus leichtem Kunststoff, wie meine, oder aus Bambus. Letztere können bei einem „Stangensalat" Ihnen federnd um die Ohren fliegen. Sie sollten daher nur zum Longieren des Pferdes eingesetzt werden.

Übung 40
Eine klappernde Gelassenheitsprüfung

Schwierigkeitsgrad

mittelschwer

Mein Kurztipp

Was vor Jahren noch unglaublich erschien, ist nun real existierende Tatsache. Es ist schon sensationell, was da von der FN losgetreten wurde. Die Gelassenheitsprüfung, kurz GHP genannt, ist eine Aufregung wert. Hier wurde die Katze aus dem Sack gelassen. Nun sind Büchsen drin, mit denen nach einem Reglement der FN geklappert werden soll.

Tipps zur Hilfengebung

- Vertrauen schaffen, um Vertrauen und Sicherheit zu erhalten, ist das, was auch mit dieser Übung gefördert werden soll.

- Das Knacken eines Astes, die Dunkelheit einer Pfütze oder das Blinken einer Blechdose am Wegesrand und unzählige andere Banalitäten können ein Pferd in Panik versetzen, sodass es sich selbst sowie andere in Gefahr bringt.

- So geschah es einem Dressurreiter, der sich mit seinem Pferd lediglich zwischen Stall und Reithalle und in dieser bewegte. Dem wehte ein Luftballon vor die Beine seines Pferdes. Es bäumte sich auf und begrub seinen Reiter unter sich.

Erläuterungen

- Vor vielen Jahren war ich bei einer „Fachsimpelei" zweier Reiter zugegen. Das letzte, was ich mitbekam, war ein Loblied auf die schönen großen Boxen für ihre Pferde und dass Weidegang doch nur zur Verblödung der Pferde führen würde. Hierzu erübrigt sich wohl sowieso jeder Kommentar, nur war der eine der beiden zitierten Reiter der, dem später ein Luftballon vor den Beinen seines Pferdes zum Verhängnis wurde.

Ein Sack mit leeren Blechbüchsen – eine klappernde Gelassenheitsprüfung. Der Klappersack wird geschüttelt und laut klappernd über das Pferd hinweg an einem Strick auf den Boden fallen gelassen. Hinter dem Pferd hergezogen, soll er nach einer kleinen Runde wieder auf einer Tonne landen.

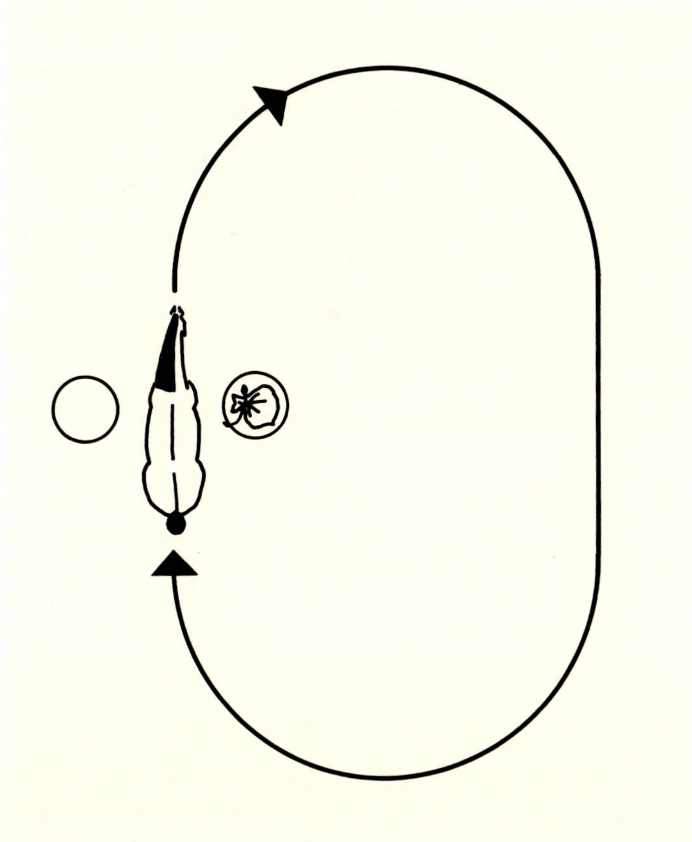

- Der Nerven erfordernde Klappersack und auch anderes, was nur durch Gewöhnung und dem hieraus gewachsenen Vertrauen zum Reiter für das Pferd erträglich wird, entstammen dem Westernreiten.

- Das, was seit vielen Jahren den Quarter Horses und der großen, bunten Palette der von den Freizeitreitern gehaltenen Pferden vorbehalten war, ist endlich salonfähig geworden und kommt nun wohl auch dem Deutschen Warmblut zugute. Sehr zu begrüßen, nur wäre die von der FN abgesegnete Prüfung noch besser als „Vertrauens-Prüfung" eingeführt worden.

So wird's gemacht

- Zwei Tonnen, ein Sack gefüllt mit leeren Blechbüchsen, daran befestigt ein ca. drei Meter langer Strick, werden zu dieser Übung benötigt.

- Die Tonnen müssen gerade so weit auseinander gestellt sein, dass ein Pferd dazwischen passt. Der Klappersack liegt auf einer der Tonnen.

- Nun reiten Sie zwischen die Tonnen und warten dort so lange, bis das Pferd völlig still steht.

- Jetzt nehmen Sie den Klappersack und legen diesen vorsichtig von einer Tonne über das Pferd hinweg zu der anderen.

- Hat auch dies geklappt, legen Sie den Sack, deutlich lauter werdend, wieder zurück und reiten weiter.

- Dies wiederholen Sie so lange, bis das Pferd Ihre Aktion ruhig hinnimmt.

- Nach einem erneuten Anreiten nehmen Sie den Klappersack sowie den Strick auf und reiten von den Tonnen einige Schritte hinweg.

- Nun lassen Sie den Klappersack auf den Boden gleiten, schleifen ihn in einem großen Bogen hinter sich her wieder in den Tonnengang zurück und legen ihn auf einer Tonne wieder ab.

- Je nach Verhalten Ihres Pferdes verteilen Sie den geschilderten Vorgang in Ruhe und Gelassenheit über einen gewissen Zeitraum.

Übung 41
Vielseitigkeits-Kombination I – linksherum

Schwierigkeitsgrad

im Schritt/Trab: *mittelschwer*
im Galopp: *schwer*

Mein Kurztipp

Übungen aus meinem Katalog der Vielseitigkeits-Kombinationen sind fester Bestandteil des Kursprogramms der Freizeitreit-Akademie. Sie erfreuen sich großer Beliebtheit. Auch werden sie mit vermehrtem Interesse gerne und mit großem Eifer von Reitgruppen verschiedenster Art in vielen Variationen übernommen.

Bei solch einer Vielseitigkeits-Kombination wird Präzision verlangt. Hier ist jedes Element, ob Volte oder Wendung, durch Markierungen eingegrenzt. Pferd und Reiter müssen sich schon gut verstehen, wenn das Muster auch hinterher noch erkennbar sein soll.

Tipps zur Ausführung

- Diese Vielseitigkeits-Kombination können Sie durch Austauschen, Weglassen oder Hinzufügen einzelner Elemente Ihrem Können bzw. dem Niveau entsprechend verändern.

- Bei Änderungen in der Übung sollten Sie aber unbedingt darauf achten, dass die Abfolge der Elemente nicht störend holpert, sondern fließend bleibt.

- Auch wenn Sie sich mehr zutrauen, sollten Sie doch auch diese Übung zunächst in gemischter Schritt-Trab-Kombination reiten, bevor Sie mit dem Galopp beginnen.

- Bei den schnellen 180°-Wendungen ist es in den meisten Fällen ratsam, Ihr Pferd einige Meter vor dem Erreichen des Wendepunktes aus dem Galopp in den Trab durchzuparieren und nur selten, bei nicht zu tiefem Boden, die Wendung mit einem Stopp aus dem Galopp heraus einzuleiten. Dies sollte im Interesse der Schonung der Vorderbeine Ihres Pferdes dringend beachtet werden.

- Nach dem Stopp müssen Sie unmittelbar, also ohne Verzögerung, die Wendung durchführen und wieder angaloppieren.

- Das Wiederangaloppieren muss bereits vor Vollendung der Wendung eingeleitet werden. Sie kommen sonst zu spät mit Ihrer Schenkelhilfe, und das Pferd würde über die gewünschte Linie hinaus die Wendung weiter fortsetzen wollen.

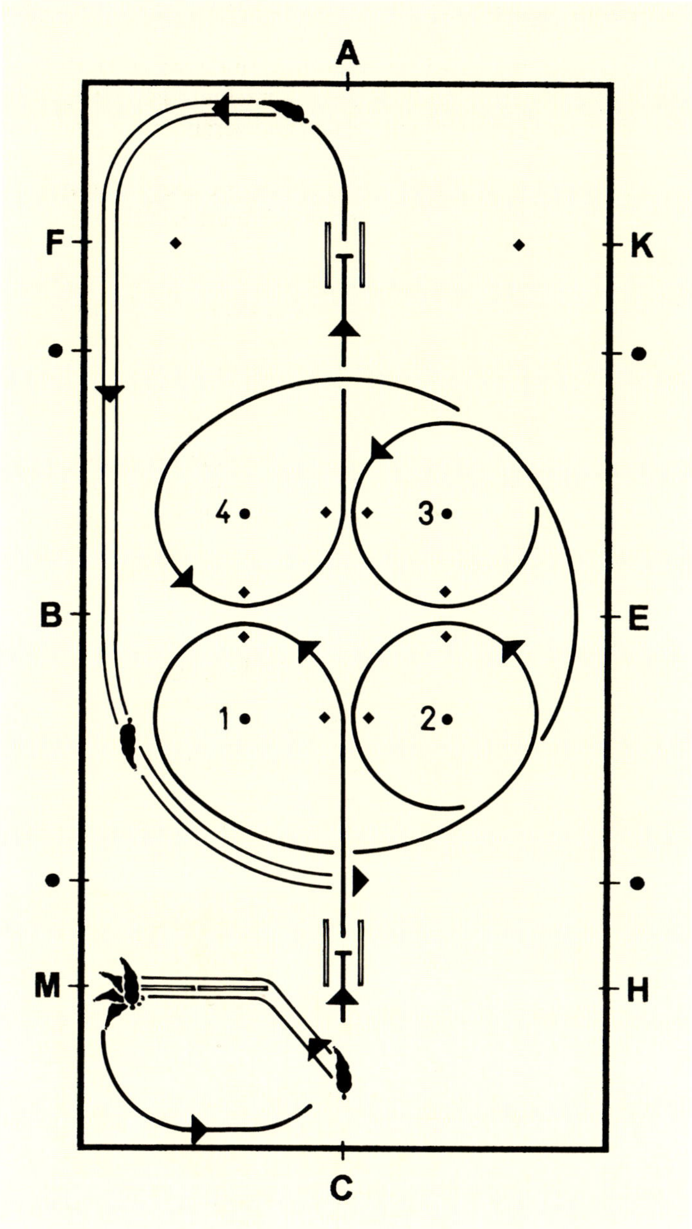

▸ Zur Begrenzung der Wendung des Pferdes, das über 180° hinaus will, würde dann der innere Schenkel eingesetzt, was mit großer Wahrscheinlichkeit vom Pferd falsch gedeutet und zu einem Kontergalopp führen würde. Ein häufig zu beobachtender Fehler, der ebenso häufig nicht als solcher erkannt wird.

▸ Ist in einem Stangengang ein kurzes Halten angesagt, so muss das Pferd auch wirklich ohne Bewegung seiner Beine, und dies ohne einen weiteren Eingriff von Ihnen, stillstehen. Anderenfalls müssen Sie den Halt verlängern.

▸ Diese Übung ist durch die vielen Markierungspunkte einerseits sehr orientierungsfreundlich. Andererseits wird jedoch noch mehr Geschick für die präzise Einhaltung des Musters erforderlich. Hier kann nicht unauffällig improvisiert werden. Diese Übung erfordert schon einiges beim Durchgang im Trab und steigert sich erheblich im Galopp. Somit verlangen solche und ähnliche Übungen von Pferd und Reiter etliches an Konzentration und gemeinsamem Verstehen, und wenn's klappt, ist die Freude berechtigterweise groß.

So wird's gemacht

▸ Als Markierungspunkte stellen Sie um den Bahnmittelpunkt X im Abstand von ca. acht bis zehn Schritten vier Pylonen zu einem Quadrat auf.

▸ Zur Markierung des Mittelpunktes zwischen den Pylonen sind jeweils zwei Hütchen aufzustellen. Ihr Abstand voneinander soll ca. 1 m betragen.

▸ Etwa in Höhe von M legen Sie im rechten Winkel zum Hufschlag und ca. 1 m von diesem entfernt zwei Bodenstangen hintereinander.

Das Voltenkarree gehört zu meinen Lieblingsübungen. Gerne nehme ich auch noch Hütchen als äußere Begrenzung der Volten hinzu und reite die Übung als Steigerung des Schwierigkeitsgrades im Galopp.

- Je ein durch zwei Stangen begrenzter ca. 1m breiter Gang wird jeweils in einigen Metern Abstand vom Hufschlag bei C und A aufgebaut.

- In Höhe von F und K ist in einigen Metern Abstand vom Hufschlag je ein Hütchen aufzustellen.

- Nun ist der Aufbau für diese Vielseitigkeits-Prüfung beendet. Das Spiel kann beginnen.

- Zunächst soll der Parcours linksherum und im Trab geritten werden.

- Sie beginnen im Schritt mit einer kleinen Traversale, von rechts kommend nach links zum Anfang der hintereinander liegenden Stangen.

- Dort fädeln Sie Ihr Pferd ein. In einer Volltraversale gehen Sie, mit den Vorderbeinen des Pferdes über den Stangen traversierend, bis zum Ende.

- Am Ende der Stangen geht's nach einer 180°-Wendung linksherum um das innere Hinterbein in einem sanften Bogen in den Stangengang. Hier Stopp und kurz verharren.

- Im Trab geht's nun geradeaus in das Voltenkarree. Nach dem Passieren der ersten beiden Hütchen umrunden Sie linksherum den Pylon 1. Zwischen zwei weiteren Hütchen hindurch beenden Sie die Volte.

- Weiter geht's zur nächsten Volte um Pylon 2. Hier und anschließend bei den Pylonen 3 und 4 verfahren Sie wie vorher beschrieben.

- Nach der vierten Volte und dem Passieren der Hütchen zwischen den Pylonen 3 und 4 reiten Sie geradeaus in den Stangengang Richtung A. Dort konsequent anhalten und einige Sekunden regungslos verharren.

- Im Stangengang zum Hufschlag hin wieder antraben und linksherum im Travers um die Ecke auf die lange Seite.

- Weiter im Travers bleibend, reiten Sie in einem Bogen zwischen dem Voltenkarree und dem ersten Stangengang bis etwa fünf bis sechs Schritt vor dem Hufschlag.

- Nicht mehr im Travers biegen Sie nach links ab und reiten geradeaus parallel zum Hufschlag in Richtung K.

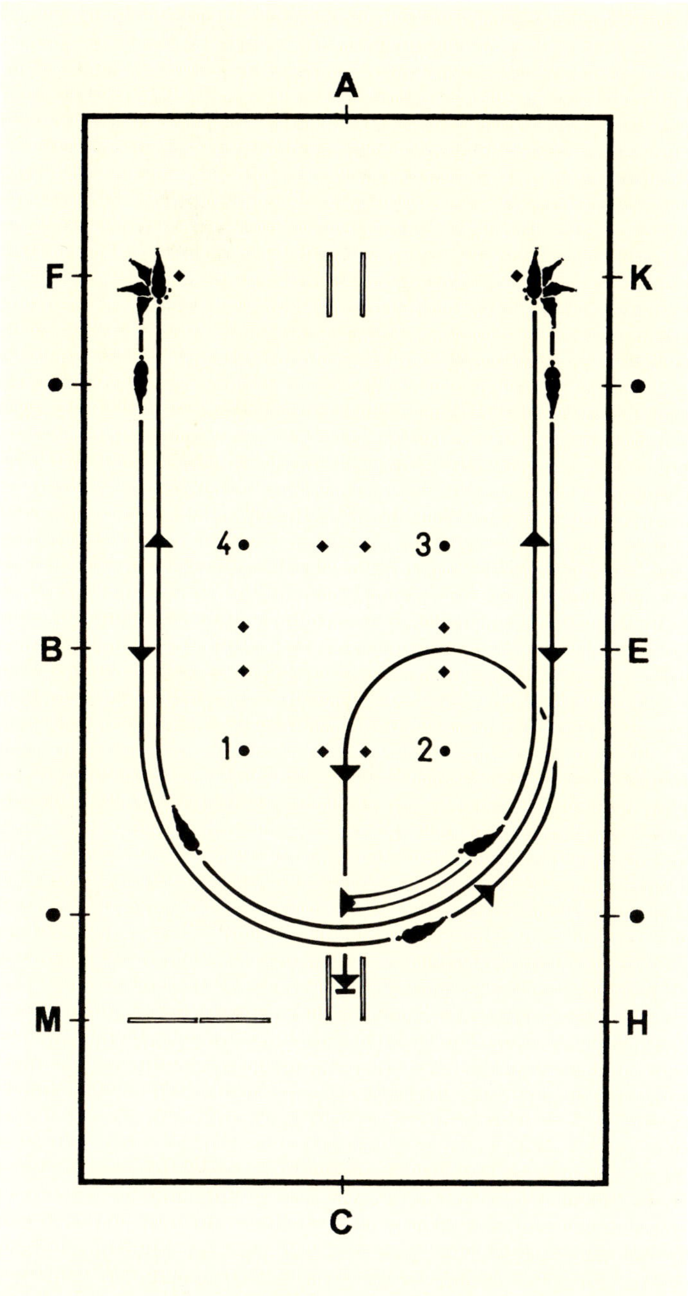

▸ In Höhe von K stoppen Sie neben dem links von Ihnen befindlichen Markierungshütchen und wenden unverzüglich Ihr Pferd um 180° nach rechts.

▸ Sofort nach der Wendung reiten Sie parallel zum Hufschlag wieder zurück. Zweimal rechts abbiegend, geht's um das Voltenkarree und auch hier wieder im angemessenen Abstand parallel zum Hufschlag Richtung F.

▸ In Höhe von F – hier steht rechts von Ihnen wieder ein Markierungshütchen – stoppen Sie und wenden ohne Verzögerung Ihr Pferd um 180° nach links.

▸ Sofort nach der Wendung traben Sie wieder an und reiten parallel zum Hufschlag, dann links abbiegend zwischen Pylon 2 und 3 in das Voltenkarree und zwischen Pylon 1 und 2 wieder heraus.

▸ Reiten Sie geradeaus weiter in den Stangengang und stoppen Sie dort.

▸ Einige Sekunden soll das Pferd absolut stillstehen, dann geht's rückwärts wieder heraus. Ohne Verzögerung wenden Sie nun Ihr Pferd um 90° nach links und verharren hiernach einen Augenblick.

▸ Wer diese Vielseitigkeitsübung im Trab mit Ruhe und Gelassenheit geschafft hat, kann für den Augenblick fröhlich und zufrieden sein.

▸ Aber neue Herausforderungen warten auf Sie: diese Übung, sofern Ihr Pferd schon so weit ist, im Galopp zu reiten. Worauf warten Sie dann eigentlich?

Übung 42
Vielseitigkeits-Kombination II – rechtsherum

Schwierigkeitsgrad

im Schritt/Trab: *mittelschwer*
im Galopp: *schwer*

Mein Kurztipp

Übungen von Vielseitigkeits-Kombinationen sind fester Bestandteil des Kursprogramms der Freizeitreit-Akademie. In der zweiten Version dieser Übung geht es im gleichen Parcours rechtsherum. Hierdurch ändert sich die Reihenfolge der zu umreitenden Pylonen.

Damit Sie und Ihr Pferd nicht einseitig werden, geht's nun rechtsherum. Da Sie diese Kombination schon kennen, sollen die hier zusätzlich aufgestellten kleinen roten Hütchen auch eine Begrenzung der Volten nach außen bieten. Nun gibt's keine ellipsenförmigen Volten mehr, und besonders im Galopp können Sie durch diese wunderbare Erschwernis glänzen.

Tipps zur Ausführung

- Diese Vielseitigkeits-Kombination können Sie durch Austauschen, Weglassen oder Hinzufügen einzelner Elemente Ihrem Können bzw. dem Niveau entsprechend verändern.

- Bei Änderungen in der Übung sollten Sie aber unbedingt darauf achten, dass die Abfolge der Elemente nicht störend holpert, sondern fließend auch für Ihr Pferd bleibt.

- Es wird davon ausgegangen, dass diese Übung (siehe Nr. 41) zunächst linksherum und im Schritt/Trab geritten wurde. Natürlich kann zunächst auch rechtsherum so verfahren werden. Ansonsten wird diese Übung nun im Galopp durchgeführt. Zur Abwechslung sollten Sie statt des Travers die hierfür vorgesehene Strecke auch einmal im Schulterherein reiten.

- Bei den schnellen 180°-Wendungen ist es nach wie vor in den meisten Fällen ratsam, Ihr Pferd einige Meter vor dem Erreichen des Wendepunktes aus dem Galopp in den Trab durchzuparieren und nur selten, bei nicht zu tiefem Boden, aus dem Galopp heraus mit einem Stopp die Wendung einzuleiten. Dies sollte im Interesse der Schonung der Vorderbeine Ihres Pferdes dringend beachtet werden.

- Nach dem konsequenten Anhalten müssen Sie unmittelbar, also ohne Verzögerung, die Wendung durchführen und wieder angaloppieren.

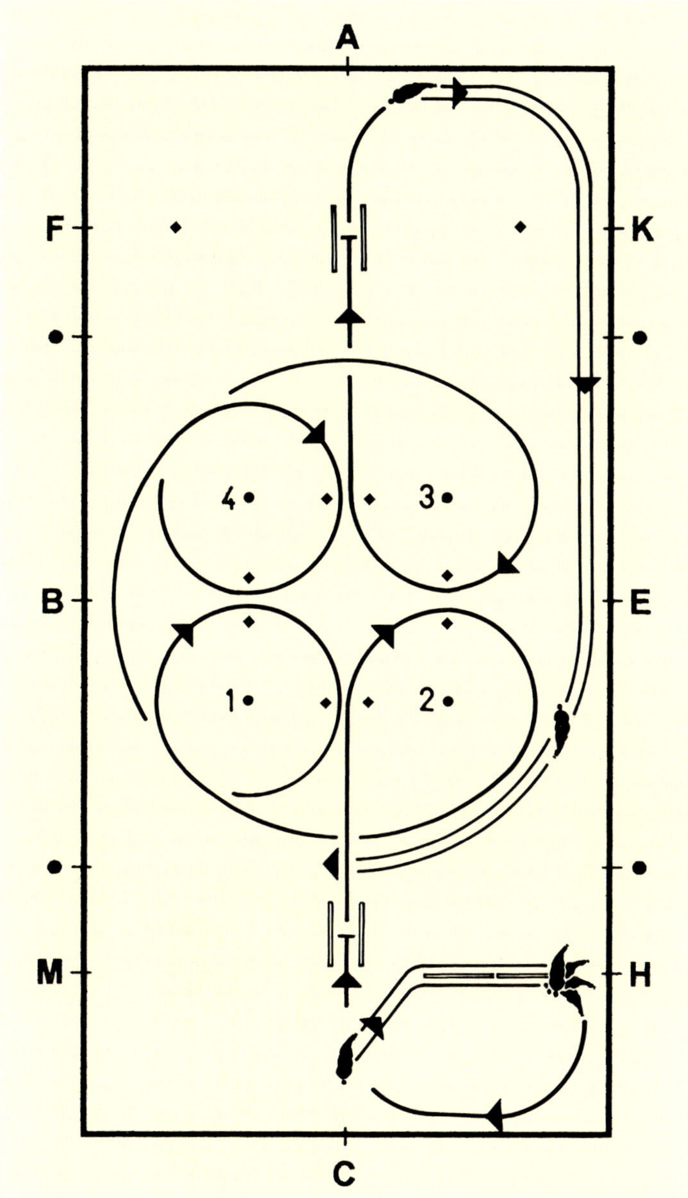

▸ Und hier nochmals der Hinweis, dass das Wiederangaloppieren bereits vor dem letzten seitlichen Schritt der Wendung eingeleitet werden sollte. Sie kommen sonst mit Ihrer Schenkelhilfe zum Angaloppieren zu spät. Hierdurch wird das Pferd über den gewünschten Wendungsgrad hinaus die Wendung weiter fortsetzen wollen.

▸ Zur Begrenzung der Wendung des Pferdes, das über 180° hinaus will, würde dann der innere Schenkel eingesetzt, was mit großer Wahrscheinlichkeit vom Pferd falsch gedeutet und zu einem Kontergalopp führen würde. Ein häufig zu beobachtender Fehler, der ebenso häufig nicht als solcher erkannt wird.

▸ Nervige Pferde, wodurch auch immer sie so sind, müssen durch Ruhe zur Ruhe erzogen werden. Dazu hilft ein Mosaik von Kleinigkeiten. Hierzu gehört, um es nochmals zu sagen, der geforderte kurze Halt in einem Stangengang. Hier sollte das Pferd auch wirklich ohne Bewegung seiner Beine, und dies ohne einen weiteren Eingriff von Ihnen, stillstehen. Anderenfalls müssen Sie den Halt verlängern. Geduld hilft hier wirklich.

▸ Und als Letztes nochmals verkürzt wiederholt: Übungen wie diese sind durch die vielen Markierungspunkte einerseits sehr orientierungsfreundlich. Andererseits erfordern sie noch mehr Geschick für die präzise Einhaltung des Musters und dies insbesondere im Galopp. Wem die Übung gelingt, der ist reichlich belohnt.

So wird's gemacht

▸ Der Aufbau des Parcours für diese Übung ist bis auf eine Ausnahme der gleiche wie der zur Übung 41. Da es hier rechtsherum gehen soll, werden die beiden zuvor bei M hintereinander gelegten Stangen entsprechend nach H verlegt.

▸ Auch ist diese Übung nahezu identisch mit der Vielseitigkeitsübung 41. Nur geht's jetzt rechtsherum, und wenn Sie schon können, im Galopp.

▸ Sie beginnen im Schritt mit einer kleinen Traversale, von links kommend nach rechts zum Anfang der hintereinander liegenden Stangen. Dort fädeln Sie Ihr Pferd ein.

▸ In einer Volltraversale gehen Sie, mit den Vorderbeinen des Pferdes über den Stangen traversierend, bis zum Ende.

▸ Nach einer 180°-Wendung nach rechts um das innere Hinterbein traben Sie in einem sanften Bogen in den Stangengang.

▸ Nach kurzem Halt galoppieren Sie aus dem Stangengang heraus in Richtung Voltenkarree.

▸ Nun umrunden Sie zwischen den Hütchenpaaren hindurch den Pylon 2 in einer Volte rechtsherum.

▸ Im Galopp bleibend, reiten Sie weiter wie beschrieben die Volten um die Pylonen in der Reihenfolge 1, 4, 3.

▸ Zwischen den Pylonen 3 und 4 verlassen Sie dann das Karree und reiten geradeaus in Richtung A auf den Stangengang zu.

▸ Einige Meter vor dem Stangengang gehen Sie vom Galopp in

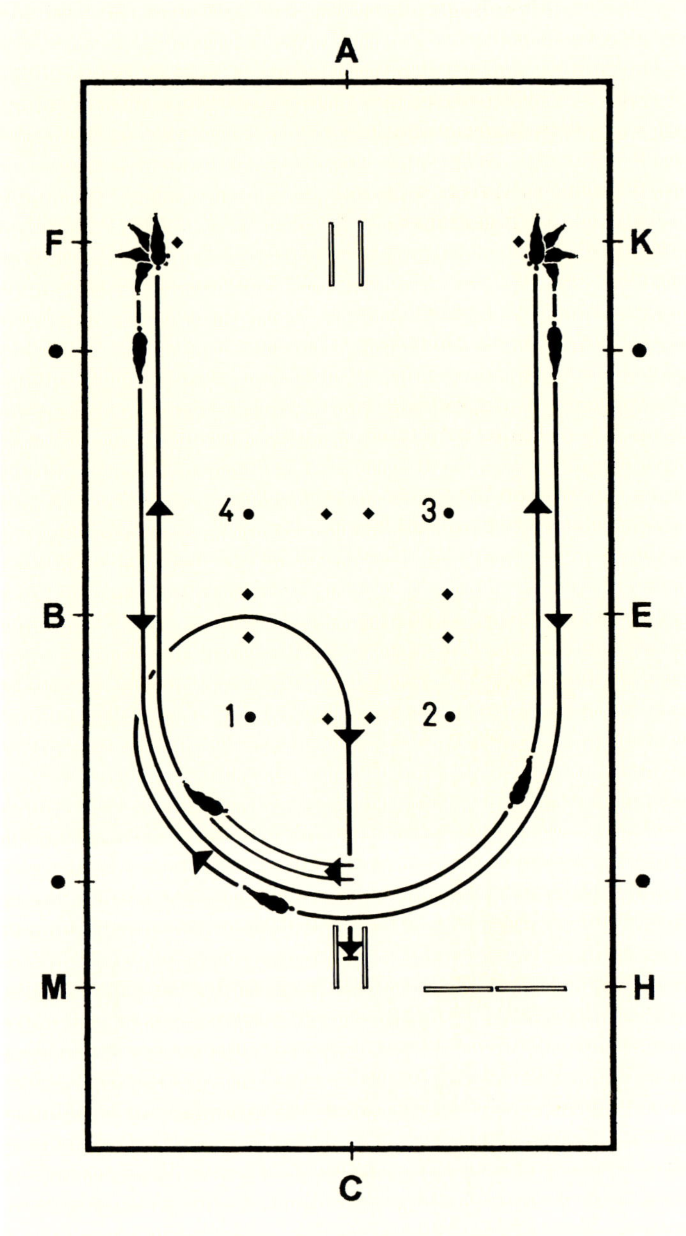

den Trab über und lassen Ihr Pferd im Stangengang einige Sekunden völlig stillstehen.

▸ Weiter geht's im Galopp zum Hufschlag und dort sofort schräg gestellt nach rechts in den Travers.

▸ In einem sanften Bogen traversieren Sie um die Ecke zur langen Seite.

▸ Hinter dem Voltenkarree biegen Sie, im Travers bleibend, wieder in einem Bogen nach rechts ab.

▸ Nicht mehr im Travers biegen Sie nochmals nach rechts ab und reiten dann geradeaus zwischen Hufschlag und Karree in Richtung F.

▸ Einige Meter vor F gehen Sie vom Galopp in den Trab über und stoppen links vom Markierungshütchen.

▸ Ohne Verzögerung wenden Sie Ihr Pferd um 180° nach links um das innere Hinterbein und galoppieren sofort wieder an.

▸ Nun galoppieren Sie parallel zum Hufschlag, dann links um das Voltenkarree herum und wieder parallel zum Hufschlag nach K.

▸ Einige Meter vor K gehen Sie wieder vom Galopp in den Trab über.

▸ In Höhe von K stoppen Sie neben dem links von Ihnen befindlichen Markierungshütchen und wenden unverzüglich Ihr Pferd um 180° nach rechts in die Gegenrichtung.

▸ Sogleich galoppieren Sie wieder an und reiten parallel zum Hufschlag, dann rechtsherum und zwischen Pylon 1 und 4 in das Voltenkarree abbiegend und zwischen Pylon 1 und 2 wieder heraus.

▸ Vom Galopp in den Trab übergehend, reiten Sie geradeaus weiter in den Stangengang und stoppen dort.

▸ Nach einigen Sekunden des absoluten Stillstehens geht's rückwärts wieder heraus. Dann wenden Sie ohne Verzögerung Ihr Pferd um 90° nach rechts und verharren hiernach einen Augenblick.

▸ Haben Sie diese kleine Vielseitigkeits-Prüfung im Galopp zufrieden stellend und eher mit Gelassenheit und einem Hauch von Eleganz absolviert und dabei den Parcours im ursprünglichen Zustand hinterlassen, dann sind Sie ein Stück weiter auf dem richtigen Weg.

Ich bin mir sicher, dass Sie jetzt große Lust verspüren, die in diesem Buch beschriebenen Übungen zu reiten. Ich wünsche Ihnen und Ihrem Pferd hierzu viel Freude!

Nützliche Adressen

Freizeitreit-Akademie®
Hiddingen
Claus Penquitt
Hiddinger Str. 35
D-27374 Visselhövede
Tel.: 0049-(0)4262/724
Fax: 0049-(0)4262/8661
www.freizeit-reitakademie.de

„Tochter-Unternehmen“:
Nathalie Penquitts
Pferdeschule
Hohenholzer Weg 36
D-27305 Engeln
Tel.: 0049-(0)4253/801808
Fax: 0049-(0)4253/801809
www.penquitt.de

FS Reit-Zentrum Reken
Frankenstr. 37
D-48734 Reken
Tel. 0049-(0)2864-2434
Fax 0049-(0)2864-5860
e-mail: fs.reitzentrum@t-online.de
www.fs-reitzentrum.de

Vereinigung der Freizeitreiter und -fahrer in Deutschland (VFD)
Heike Kirst
Auf der Hohengrub 5
D-56355 Hunzel
Tel.: 0049-(0)6772-9630980
Fax: 0049-(0)6772-9630985
www.vfdnet.de

Bundesfachverband für Reiten und Fahren in Österreich (BFV)
Geiselbergstr. 26-35/512
A-1110 Wien
Tel. 0043-(0)1-7499261-10
Fax 0043-(0)1-7499261-91
e-mail: office@fena.at
Internet: www.fena.at

Schweizerischer Verband für Pferdesport (SVPS)
Papiermühlestr. 40 H
Postfach 726
CH-3000 Bern 22
Tel. 0044-(0)31-335 43 43
Fax 0044-(0)31-335 43 58
e-mail: info@svps-fsse.ch
Internet: www.svp-fsse.ch

Bezugsquelle für Cavaletti, Markierungsstangen und -kegel aus Kunststoff
Hofmeister
Kirchstr. 47
D-58285 Gevelsberg
Tel.: 0049-(0)2332-5333
Fax: 0049-(0)2332-5332
e-mail: info@hofmeister-pferdesport.de
www.hofmeister-pferdesport.de

Zum Weiterlesen

Bender, Ingolf:
Praxishandbuch Pferdehaltung.
Optimal planen und praxisgerecht umsetzen: Ställe und Ausläufe, Reitplätze und Weiden; Resthöfe um- und ausbauen.
Stuttgart 1999.
Für alle Reiter, die ihre Pferde artgerecht in „Eigenregie“ halten wollen, bietet dieses Werk alle wichtigen Informationen aus der 30-jährigen Erfahrung eines Fachmanns.

Bender, Ingolf:
Praxishandbuch Pferdeweide.
Anlage, Kauf und Pacht, Weide-Management, Heu und Silage, Pflege, Düngung.
Stuttgart 2003.
Weideland ist die natürliche Lebensgrundlage für Pferde: Es bietet Nahrung, freie Bewegungsmöglichkeit und Sozialkontakte zu Artgenossen. Dieser Ratgeber informiert ausführlich über die Anlage und Nutzung von Pferdeweiden.

Borelle, Bea/Braun, Gudrun:
Bea Borelles Pferdetraining.
bewusst – befähigt – begeistert.
Stuttgart 2002.
Das Motivationspaket für jeden Reiter: Bea Borelles Pferdetraining bietet Strategien für ein entspanntes und erfolgreiches Zusammensein mit dem Pferd.

Hinrichs, Richard:
Pferde schulen an der Hand.
Wege zum Lösen und Versammeln.
Stuttgart 1999.
Richard Hinrichs zeigt in seinem Buch vielfältige Möglichkeiten, wie die freiwillige Mitarbeit des Pferdes durch den Einsatz von Zügeln, Gerte, Stimme und Körpersprache gefördert werden kann.

Meyners, Eckart:
Das Bewegungsgefühl des Reiters.
Das innere Auge schulen, reiterliche Probleme lösen, mit über 300 praktischen Übungen. Stuttgart 2003.
Mit der Meyners-Methode entwickelt der Reiter ein Gefühl für seine Bewegungsabläufe, Rhythmus und Gleichgewicht. Mit gezielten Übungen werden die häufigsten Reitprobleme und Sitzfehler korrigiert.

Penquitt, Claus:
Die neue Freizeitreiter-Akademie.
Reiten nach altklassischen, altkalifornischen und iberischen Vorbildern.
Stuttgart 2001.
Dieses Buch wurde zur Bibel der anspruchsvollen Freizeitreiter.

Penquitt, Nathalie:
Erste Schritte unter dem Sattel.
Junge Pferde selber ausbilden.
Stuttgart 1999.
Die Autorin ergänzt mit diesem Ausbildungsbuch ihre Pferdeschule und die Reitlehre ihres Vaters Claus Penquitt.

Penquitt, Nathalie:
Nathalie Penquitts Pferdeschule.
Zauber der Verständigung. Stuttgart 1996.
In diese Schule gehen Reiter und Pferd mit Begeisterung. Schritt für Schritt werden Übungen an der Hand erklärt, die das Pferd zu mehr Freude am Arbeiten motivieren.

Penquitt, Nathalie:
Nathalie Penquitts Longierschule.
Ausbilden mit Präzision, Pep und Pferdeverstand. Stuttgart 2002.
Jetzt geht's rund: Dieses Buch enthält das Know-how fürs richtige Longieren und viele nützliche Tipps für mehr Vielfalt in der Ausbildung.

Empfehlenswerte Videos / DVD

Claus Penquitt:
Die neue Freizeitreiter-Akademie (DVD),
Stuttgart 2003.

Claus Penquitt:
Die Freizeitreiter-Akademie 1,
Stuttgart 1994.

Claus Penquitt:
Die Freizeitreiter-Akademie 2,
Stuttgart 1995.

Claus Penquitt:
Die Freizeitreiter-Akademie 3,
Stuttgart 1996.

Nathalie Penquitt:
Nathalie Penquitts Pferdeschule,
Stuttgart 1997.

Bildnachweis
Mit 62 Farbfotos und 49 Schwarzweiß-Illustrationen von Cornelia Göricke, Visselhövede.

Alle Angaben und Methoden in diesem Buch sind sorgfältig erwogen und geprüft. Sorgfalt bei der Umsetzung ist indes doch geboten. Verlag und Autor übernehmen keinerlei Haftung für Personen-, Sach- oder Vermögensschäden, die im Zusammenhang mit der Anwendung und Umsetzung entstehen könnten.

Impressum
Umschlaggestaltung von eStudio Calamar unter Verwendung von 3 Farbfotos von Cornelia Göricke, Visselhövede.

Bibliografische Information der Deutschen Bibliothek
Die Deutsche Bibliothek verzeichnet diese Publikation in der Deutschen Nationalbibliografie; detaillierte bibliografische Daten sind im Internet über http://dnb.ddb.de abrufbar.

Gedruckt auf chlorfrei gebleichtem Papier

ISBN 3-440-09522-3
Projektleitung: Alexandra Haungs
Redaktion: Sigrid Eicher
Gestaltungskonzept: eStudio Calamar
Produktion und Realisation:
Buch & Konzept, A. Wehland, München
Printed in Czech Republic /
Imprimé en République tchèque